어린이
조선왕조실록
⑤

어린이 조선왕조실록 편찬위원회 글 | 전병준 그림
한국역사연구회 추천 및 감수

주니어김영사

《어린이 조선왕조실록》을 읽는 어린이들에게

자랑스러운 민족 문화를 깨닫는 첫걸음

 우리가 조상들의 삶을 알 수 있는 것은 우리에게 남아 있는 유물과 유적을 보고서 가능하지요. 그 중에서도 글로 남아 있는 책은 정말 소중한 역사 유물입니다.

우리나라 역사에 관심을 갖게 되면, 조상들이 훌륭한 민족 문화를 지켜 온 것에 대해 저절로 자랑스러운 마음이 생기고 뿌듯해진답니다. 만일 조상이 잘못한 점을 발견하게 되더라도, 우리는 다시 그런 잘못을 되풀이하지 않도록 조심하면 됩니다.

이러한 점에서 이번에 새롭게 엮은《어린이 조선왕조실록》은 어린이들이 우리 역사에 관심을 가질 수 있도록 알기 쉽게 꾸몄어요.《어린이 조선왕조실록》은 조선 27대에 걸친 왕들이 나라를 다스릴 때에 일어났던 일을 중심으로 엮은 거예요.

《어린이 조선왕조실록》을 통해서 조선 시대 사람들이 어떻게 살았고, 무슨 생각을 했는가를 알게 될 거예요. 그것이 바로 우리의 자랑스러운 민족 문화를 깨닫는 첫걸음입니다. 아울러 우리의 역사를 이해하면서 우리의 마음과 눈은 좀 더 넓어지고 깊어질 겁니다.

어린이 조선왕조실록 편찬위원회

인물의 삶으로 읽는 역사의 큰 흐름

우리는 현재를 살고 있으며, 마땅히 현재에 충실한 삶을 가꿔야 합니다. 그런데 현재는 홀로 존재하는 것이 아니라, 과거와 떼려야 뗄 수 없는 밀접한 관계입니다. 따라서 과거, 즉 역사를 알아야 비로소 현재를 온전하게 살아갈 수 있어요. 그런데 역사를 따분하고 어렵게 생각하는 어린이들이 많아서 우리나라 역사에 대해 제대로 알지 못하는 어린이들이 많아요.

이번에 주니어김영사에서 출간한 '처음 읽는 우리 역사' 시리즈는 주요 역사서를 기본 토대로 인물 중심으로 역사를 구성했어요. 인물을 중심으로 한 구성은 인물의 삶에 동화되어 역사의 흐름을 실감나게 느끼도록 해 주지요. 게다가 인물의 삶에 드러난 역사의 흐름을 조목조목 짚어 주어, 어린이들도 쉽게 역사적인 사실을 알 수 있습니다.

어린이들이 이 시리즈를 통해 역사에 더욱 가까이 다가가고, 그로 인해 모든 사람들의 노력이 결실을 맺으리라 믿습니다.

한국역사연구회

차례 — 어린이 조선왕조실록 5

- 조선왕조실록에 대하여　8

제22대 　문예 부흥을 일으킨 정조
　　무사히 왕위에 오르다　10
　　아버지의 한을 풀다　15
　　문예 부흥을 일으키다　17
　　실학이 꽃피다　22
　　천주교, 박해를 당하다　24
　　김홍도, 독창적인 그림을 그리다　30

제23대 　세도 정치에 시달린 순조
　　세도 정치가 심해지다　32
　　홍경래, 난을 일으키다　35

제24대 　사회의 혼란을 겪은 헌종
　　조선 사회의 혼란이 심해지다　42
　　김대건, 우리 나라 최초의 신부가 되다　45
　　김정희, 최고의 명필이 되다　49
　　청렴한 관리 홍기섭, 도둑도 놀라다　52

제25대 　농부에서 왕이 된 철종
　　농사를 짓다가 왕이 되다　56
　　민란이 일어나고 동학이 발생하다　61

| 제26대 | 외세에게 수난을 당한 **고종**

흥선 대원군, 야망을 숨기다 _68
고종, 왕위에 오르다 _72
천주교를 탄압하고 쇄국 정치를 펴다 _76
강화도 조약으로 문호를 개방하다 _80

동학 농민 운동이 일어나다 _82
임오군란이 일어나다 _87
갑신정변과 갑오개혁이 일어나다 _91
을미사변이 일어나다 _93
고종, 대한 제국을 선포하다 _95

| 제27대 | 조선의 마지막 왕이 된 **순종**

조선 왕조의 마지막 왕이 되다 _98
안중근, 나라를 위해 목숨을 바치다 _101

• 역사 옹달샘 조선 시대의 과학과 문화·예술

조선 시대의 과학 기술 _108
조선 시대의 인쇄 기술 _112
조선 시대의 음악과 무용 _114
조선 시대의 도자기 문화 _116
조선 시대의 예술가 _118

조선왕조 실록에 대하여

하나, 《조선왕조실록》은 어떤 책인가요?
둘, 《조선왕조실록》은 어떻게 만들어졌나요?
셋, 《조선왕조실록》은 어떻게 보관했나요?
넷, 《조선왕조실록》은 어디에서 보관했나요?
다섯, 지금은 《조선왕조실록》이 어디에 있나요?

다섯, 지금은 《조선왕조실록》이 어디에 있나요?

《조선왕조실록》은 정족산, 적상산, 태백산, 오대산 4곳의 사고에 보존되어 왔어요. 그러다가 1910년에 국권을 빼앗긴 후, 일본은 지방 4곳의 사고에 있던 《조선왕조실록》을 마구 옮겼어요. 정족산 사고와 태백산 사고에 있던 실록은 조선 총독부로 옮기고, 적상산 사고의 실록은 창경궁 장서각으로, 오대산 사고에 있던 실록은 도쿄 대학으로 가져갔어요.

그런데 도쿄 대학 도서관에 있던 오대산 사고본은 1923년 일본에 관동대지진이 일어났을 당시에 대부분 불에 타서 없어졌어요. 조선 총독부로 옮겼던 정족산 사고본과 태백산 사고본은 1930년에 규장각 도서와 함께 경성 제국 대학으로 옮겨졌지요.

1945년 광복이 되고 난 후, 경성 제국 대학 도서관에 있던 정족산 사고본과 태백산 사고본은 자연스럽게 서울 대학교 규장각으로 옮겨졌어요. 그리고 창경궁 장서각에 있던 적상산 사고본은 1950년 한국 전쟁 당시 북한에서 가져가 현재 김일성 종합 대학 도서관에 있다고 해요. 그러다가 태백산 사고본을 부산에 있는 국가기록원으로 옮겼어요. 실록을 분산시켜 안전하게 관리하고자 한 것이지요.

그런데 《조선왕조실록》의 일부가 최근에 우리 나라로 돌아왔어요. 한일 병합 이후 일본은 조선의 역사를 연구한다는 명분을 내세워, 오대산 사고본 760책을 도쿄 대학으로 옮겼어요. 그런데 관동대지진이 일어났을 당시에 대출되었던 74책만 남고 다 타버렸어요. 남아 있던 74책 가운데 27책은 1932년 경성 제국 대학으로 옮기고, 계속 서울 대학교 규장각에 보관되어 있었어요. 이번에 찾아온 것은 남아 있는 47책이지요.

2006년 7월 7일 도쿄 대학 도서관이 서울 대학교 규장각에 기증하는 형식으로 우리 나라에 들어왔지요. 이것은 그 동안 월정사가 중심이 된 '조선왕조실록 환수위원회'가 애쓴 결과라고 할 수 있어요.

그런데 아직도 다른 나라에 빼앗긴 우리 나라의 귀중한 문화재가 많아요. 우리 문화재를 되찾기 위해서는 끊임없는 관심과 노력이 필요하지요.

제22대
문예 부흥을 일으킨 정조

정조는 규장각을 통해 자신의 뜻을 펼칠 수 있는 사람을 키웠습니다.
또 학문을 갈고 닦는 데 힘써서 문화 정치를 훌륭하게 꽃피웠습니다.
● 재위 기간(1776~1800)

◈ 무사히 왕위에 오르다

 영조의 둘째 아들 사도 세자와 혜경궁 홍씨 사이에서 태어난 정조는 8세에 세손에 책봉되었습니다. 영조는 영조 51년(1775), 병이 깊어지자 세손에게 대리청정을 하게 했습니다.

 정조는 세손이 되기 전부터 당쟁의 소용돌이 속에서 죽음의 위협을 받았습니다. 사도 세자를 죽게 만든 김한구, 홍계희, 윤급 등 노론의 대신들은 사도 세자의 아들이 왕위를 받을 것이 두려워 영조에게 세손을 모함하고 갖은 계략을 꾸몄습니다.

이를테면 신하들은 영조에게 아뢰어 세손이 《시전》(시경의 내용을 풀이한 책)의 〈요아편〉을 읽지 못하게 했습니다.

어느 날 세손은 〈요아편〉의 내용이 무엇인지 궁금하여 할아버지인 영조 몰래 펼쳐 보았습니다.

> 아버지가 나를 낳으시고 어머니가 나를 기르셨으니 그 깊은 은혜를 갚고자 할진대 하늘이 끝이 없음과 같이 다함이 없도다.

세손이 이 대목을 읽는 것을 본 어떤 대신이 이 사실을 영조에게 아뢰었습니다. 영조는 크게 화를 내면서 세손을 불렀습니다. 세손은 미처 책을 치우지도 못하고 영조 앞으로 나아갔습니다.

"무엇을 읽고 있었느냐?"

영조가 엄한 목소리로 물었습니다.

"《시전》을 읽고 있었습니다."

영조는 환관에게 명령하여 세손이 읽던 책을 가져오게 했습니다. 환관이 가져온 책을 펼쳐 보니 〈요아편〉이 오려지고 없었습니다.

영조는 영문을 모르겠다는 듯이 굳은 얼굴 표정으로 물었습니다.

"요아편을 오려 낸 것은 무슨 까닭이냐?"

세손은 의아했지만 이렇게 대답했습니다.

"요아편은 읽지 말라는 분부가 있으셔서 그리했습니다."

세손의 대답을 들은 영조는 그제서야 얼굴에 웃음을 띠었습니다. 그리고 세손은 무사할 수가 있었습니다.

위기를 모면하고 동궁으로 돌아오는 세손을 홍국영이 맞으며 말했습니다. 그 때 홍국영은 세자시강원(조선 시대에 세자를 교육시키던 관청)에 근무하고 있었습니다.

"어전으로 급히 나가시기에 걱정이 되어 방에 들어가 보았습니다. 《시전》 요아편이 펼쳐 있는 것을 보고 급히 칼로 도려 냈습니다."

"참으로 고맙소. 그대의 재치로 큰 위기를 모면했소. 훗날

그대의 허물이 있더라도 용서하리다."

　당시 반대파에 의해 언제 화를 당할지 모르는 처지였던 세손은 홍국영을 깊이 믿고 의지하게 되었습니다. 홍국영은 세손을 든든히 지켜 주었습니다.

　다음 해 영조가 83세로 세상을 떠나고 세손이 왕위에 올랐으니, 이 사람이 바로 조선 제22대 왕인 정조입니다.

　정조는 왕이 되자 홍국영을 믿고 중요한 나랏일을 맡겼습니다.

홍국영은 왕을 호위하는 책임자에 국왕 비서실장을 겸하면서 나라의 모든 일에 관여하게 되었습니다.

그런데 시간이 흐르면서 홍국영은 점점 욕심을 부리기 시작했습니다.

홍국영은 정조 2년(1778), 왕비에게 자식이 없자 자신의 누이동생을 정조의 후궁으로 만들고 세도 정권을 굳게 다졌습니다. 그러나 홍국영의 누이동생은 얼마 후 병으로 죽어 왕의 외척으로 권력을 잡으려는 계획이 실패로 돌아갔습니다.

얼마 후 홍국영은 정조의 동생 은언군의 아들 담을 죽은 누이동생의 양자로 삼아 상계군에 봉하고, 왕의 후계자로 만들려 하는 등 권력을 휘둘렀습니다.

또 순정 왕후가 누이동생을 살해했다고 믿었던 홍국영은 순정 왕후에게 독약을 넣은 음식을 먹이려 했다가 발각되기도 했습니다.

결국 정조 4년(1780), 홍국영은 재산을 모두 빼앗기고 벼슬에서 물러나 강릉으로 쫓겨났습니다.

아버지의 한을 풀다

정조는 11세의 어린 나이에 할아버지인 영조의 명령으로 아버지인 사도 세자가 뒤주에 갇혀 굶어 죽는 것을 보아야 했습니다. 이 비극은 정조에게 지울 수 없는 한으로 남아 자신을 '하늘을 꿰뚫고 땅에 사무치는 원한을 안고서 죽지 못해 살아 있는 사람'이라고 표현했습니다.

왕위에 오른 지 얼마 안 되어 정조는 홍인한과 정후겸 등 사도 세자의 죽음에 관여한 사람을 모두 처벌하기 시작했습니다.

그러고 나서 얼마 뒤 정조는 사도 세자가 죽을 때 예조 판서로 있었던 정홍순을 불렀습니다. 정조는 온 조정이 사도 세자를 우습게 여겼으므로 사도 세자의 수의(죽은 사람에게 입히는 옷)도 소홀히 했을 것이라고 생각했습니다. 그래서 책임자인 예조 판서에게 책임을 물으려고 했습니다.

정홍순은 사도 세자의 시체를 거둘 때 이런 일이 일어날 것을 짐작하고 있어서 가장 좋은 비단을 써서 사도 세자의 수의를 만들었습니다. 그러고 나서 비단을 조금 찢어 간수했습니다.

정조가 부르자 정홍순은 비단 조각을 가지고 갔습니다. 짐작대로 정조는 수의 절차에 대해 물었습니다.

정홍순은 정성을 다하여 대답했습니다.

"전하, 이 비단 조각이 그 때 썼던 것입니다. 이것을 보시면 저의 말이 거짓이 아니란 것을 알게 될 것입니다."

정조는 정홍순이 건네준 비단 조각을 보고는 눈물을 흘렸습니다. 그래서 다행히 정홍순은 살아남게 되었습니다.

이어서 정조는 양주의 배봉산 밑에 초라하게 자리잡고 있던 사도 세자의 무덤을 수원으로 옮기고, 왕릉을 훌륭하게 만들었습니다. 그리고 사당도 세우고 자주 사도 세자의 무덤을 찾아갔습니다. 정조의 마음 한켠에는 억울하게 죽은 사도 세자에 대한 애처로움이 늘 있었습니다.

문예 부흥을 일으키다

정조는 세손으로 있을 때부터 책을 모으는 데에 열심이어서, '정색당'이라는 서고를 만들어 그 곳에 책을 모았습니다. 즉위한 해에는 창덕궁에 규장각을 만들었습니다. 그리고 이곳에 책과 역대 왕들의 시가와 산문, 그리고 친필, 서화, 고명(왕이 유언으로 뒷일을 부탁하는 것), 유교(왕이나 부모가 죽을 때 내리는 분부) 등을 보관했습니다.

정조가 규장각을 세운 것은 단순히 왕실 도서관을 마련하고자 하는 것만은 아니었습니다. 규장각을 통해 자신의 뜻을 펼칠 수 있는 사람을 모으고 교육시켰습니다. 그래서 조정의 관리들 가운데 재주가 있는 사람들을 모아서 규장각에서 공부하도록 했습니다.

이러한 정조의 지원을 받아 규장각을 중심으로 새로운 활자들이 만들어지고, 정조 5년(1781)에는 《규장총목》(규장각에 수집, 보관된 책 3만여 권의 총목록)을 만들었습니다. 그리고 같은 해부터 《내각일력》이란 일기를 썼는데, '내각'이란 규장각을 가리키는 말입니다.

규장각은 정조가 내세운 문화 정치를 가능하게 했을 뿐만

아니라 조선 후기의 학문을 일으킨 중심 기관으로서의 역할을 훌륭하게 해냈습니다.

정조 4년(1780)에는 규장각에 쓸만한 인재들이 꽤 많이 모였습니다. 정조는 규장각의 권한을 더욱 확대하고, 규장각에 속한 학자들을 특별하게 대우했습니다.

이 즈음에 정조의 곁에서 정조를 도와 나라를 다스린 사람은 남인 계열의 채제공과 실학자인 정약용, 이가환 그리고 북

학파인 박제가, 유득공, 이덕무 등이었습니다. 정약용은 정조가 가장 아끼던 신하로, 정조의 뜻을 받들어 규장각에서 깊이 있는 학문을 연구했습니다.

 정약용은 큰 배를 강에 띄워 배다리를 만들어 사람들을 놀라게 했고, 수원성을 지을 때 도르래의 원리를 이용한 거중기를 사용하는 등 과학 기술에 대한 재능도 뛰어났습니다.

 그러나 정약용은 나중에 천주교 신자로 몰려 정조가 죽은 후

에 귀양을 떠났습니다. 힘든 귀양살이에도 정약용은 학문 연구에 몰두하여 《목민심서》, 《경세유표》, 《흠흠신서》 등 많은 책을 썼습니다.

　이러한 분위기는 평민들에게도 영향을 미쳐 하급 관리와 평민들이 《풍요속선》을 발간하기도 했습니다. 또 우리 나라만의 독자적인 문화가 발달하여 그림에서는 '진경산수' 풍이, 글씨에서는 '동국진체'라는 풍이 유행했습니다.

이렇게 문예 부흥에 힘쓴 정조는 정조 24년(1800) 6월, 부스럼이 피부를 파고드는 병이 심해져서 49세로 세상을 떠났습니다.

실학이 꽃피다

정조 때에는 실학이 크게 발달했습니다. 실학자들은 성리학자들과 달리 실제 생활에 이용할 수 있는 학문을 연구했습니다.

실학은 백성들의 생활에도 많은 도움을 주었는데, 박지원은 농업보다는 상업과 무역을 늘려야 잘 살 수 있다는 생각을 가지고 청나라와의 무역을 주장했습니다. 유수원도 상공업을 발달시켜야 한다고 생각했고, 더 나아가 신분제를 폐지해야 한다는 주장까지 했습니다. 이익은 양반도 농업에 종사해야 하고, 양반이 많은 땅을 혼자 가지고 있으면 안 되고 백성들이 골고루 땅을 가지고 있어야 한다고 했습니다.

특히 박지원은 《양반전》에서 당시 양반 제도의 문제점을 적

나라하게 지적했습니다.

《양반전》의 줄거리는 다음과 같습니다.

옛날 강원도 정선 땅에 가난한 양반이 살고 있었습니다. 양반은 비록 가난했지만 선비의 도리를 다하며 정직하게 살고 있었습니다. 그러나 양반이기 때문에 일을 하지 않았고, 관직에 오르지도 못 하다 보니 늘 가난했습니다. 그래서 관아에서 쌀을 빌려 생활했습니다. 한 해 두 해 쌀을 빌리다 보니 어느덧 빌린 쌀이 1000여 석이나 되어 갚을 길이 없어서 옥에 갇히게 되었습니다. 그 때 이웃에 한 부자가 살고 있었습니다. 부자는 선량한 백성으로 신분이 낮아 늘 불만이었는데, 가난한 양반의 쌀을 관아에 대신 갚아 주고 양반의 신분을 샀습니다. 양반 문서에는 양반이 되기 위해서 지켜야 할 행동이 낱낱이 적혀 있었습니다. 부자는 양반처럼 행동하려고 했지만, 그 행동이 너무나 형식적이고 불필요한 것임을 깨닫게 되었습니다. 뿐만 아니라 양반이 된 후에 갖게 되는 권리가 가난한 백성이 가진 것을 빼앗는 것이라 결국 양반이 되기를 포기했다는 이야기입니다.

천주교, 박해를 당하다

천주교가 처음 조선에 들어온 것은 정조 때였습니다.

당시에는 청나라 북경을 다녀오는 사신을 통해서 발전된 서양 문물이 조선으로 조금씩 들어왔습니다. 북경에 있던 마테오 리치 등 서양의 예수회 선교사들은 천주교 신앙을 전파하기 위해 천주교와 서양 문물에 관한 책을 들여와 한문으로 번역해 출간했습니다.

조선의 사신들은 북경에 가면 천주교회를 방문하고 서양 신부들과 만나기도 했습니다. 그리고 돌아올 때는 한문으로 된 서학 책을 갖고 왔습니다. 거기에는 낯선 서양 문물과 새로운 과학 기술에 대한 흥미로운 내용이 있었습니다.

이 시기에 나온 서학 책은 양반 지식인들에게 매우 인기가 높았습니다. 그리고 책을 읽고 서로 토론을 하는 과정에서 천주교를 종교로 받아들이는 사람도 있었습니다.

우리 나라에서 최초로 세례를 받고 천주교회를 세운 사람은 이승훈입니다. 이승훈은 정조 7년(1783), 당시 참판을 지내던

아버지 이동욱이 동지사 서장관으로 북경에 갈 때 함께 갔다가 북경에 있는 천주교회에서 그라몽 신부를 만나 천주교의 교리를 배웠습니다.

그 곳에서 이승훈은 세례를 받고 베드로라는 세례명을 얻어 1년 후인 정조 8년(1784)에 조선으로 돌아왔습니다.

그 뒤에 이승훈은 경기도 광주에 있는 천진암에서 뜻을 같이하던 이벽, 정약용 형제들과 명례방(지금의 명동 성당 자리임)에서 정기적으로 모여 천주교의 신앙을 키워갔습니다. 이 모임이 조선 최초의 천주교회입니다.

그런데 정조 9년(1785)에 형조의 관리들에게 그만 집회 현장을 들키고 말았습니다. 이벽, 이승훈, 정약용, 정약전 등은 양반 가문의 젊은이들이라는 이유로 풀려났지만 명례방을 제공했던 김범우는 중인이어서 곤장을 맞고 유배를 가 병을 얻어 죽었습니다.

이 사건은 그 당시 큰 문제가 되지는 않았습니다. 그러나 6년 후에 진산에서 일어난 사건은 당시 큰 영향을 미쳤습니다.

정조 15년(1791) 8월, 진산군에 살고 있는 사대부 양반 윤지충은 어머니의 빈소를 거두고 상복과 신주를 불태웠습니다. 천주교 신자였던 윤지충은 천주교 방식으로 장례를 치렀던 것입니다. 이 사실을 알게 된 양반들은 가만 있지 않았습니다.

"충효의 도리를 생명처럼 여겨야 할 사대부가 이런 짓을 하다니!"

"감히 양반이 부모의 제사를 안 지내고 조상의 혼백이 담긴 신주를 불태워?"

결국 이 사건은 정조에게까지 보고되었습니다.

정조는 이 사건이 확대되지 않기를 바랐습니다.

"성리학이 제대로 서면 천주교와 같은 사학(요사스런 학문이라는 뜻)은 스스로 꺾일 것이오."

그러나 사헌부에서는 죄인들을 엄하게 다스려야 한다고 강하게 맞섰습니다. 성균관과 유생들의 상소도 올라오기 시작했습니다. 집권 세력이던 노론 세력도 진산 사건에 강경하게

대처해야 한다고 주장했습니다.

할 수 없이 정조는 서학에 관계된 책을 모두 불태워 버리라는 명령을 내렸습니다. 결국 홍문관, 규장각 등에 보관되어 있던 책들과 서양의 과학 기술에 관한 책들까지 불태워졌습니다.

그리고 진산 사건 이후에는 북경을 방문하는 사신들이 천주교회를 방문하지 못하게 했으며, 서학과 관련된 책을 몰래 숨겨 오다가 들키면 엄하게 다스렸습니다.

같은 천주교 신자로서 윤지충을 편들던 권상연은 결국 무거운 형벌을 받았습니다. 또 권일신은 서학의 교주라는 혐의를 받아 고문을 받고 유배를 가는 길에 죽었습니다. 이승훈은 천주교에 관련된 책을 들여왔다는 이유로 평택 현감에서 물러났습니다.

노론 세력은 서양의 과학 문물까지도 모두 서학으로 몰아 멀리했습니다. 그 결과 조선은 서양 문물을 접할 기회를 점차 잃었고, 정조가 세상을 떠난 후에 천주교와 남인 세력은 심한 박해를 받았습니다.

김홍도, 독창적인 그림을 그리다

김홍도는 영조 21년(1745)에 태어났습니다. 7세 무렵에 당시 뛰어난 화가인 강세황에게 그림을 배웠습니다. 강세황은 도화서(조선 시대에 그림 그리는 일을 담당하던 관청)에 김홍도를 추천하여, 김홍도가 뛰어난 그림 실력을 펼칠 수 있도록 도와주었습니다.

김홍도는 도화서 화가로서 정조의 초상화 제작에 세 번이나 참가할 만큼 솜씨를 인정받았습니다. 김홍도는 김응환에게서도 그림을 배웠는데, 정조 12년(1788) 김응환이 왕의 명령을 받고 금강산에 산수화를 그리러 갈 때에도 김응환을 도와 그림을 그렸습니다. 다음 해 역시 왕의 명령으로 일본의 지도를 그리러 대마도에 갈 때에도 김응환과 같이 갔습니다. 그런데 김응환이 갑자기 부산에서 병으로 죽자 김홍도는 혼자 일본으로 건너가 지도를 그려서 정조에게 바쳤습니다.

정조 19년(1795)에는 화가로서의 재질을 인정받아 신창현감으로 발령을 받았으나, 곧 그만두고 평생을 그림 그리는 데 몰두하며 지냈습니다.

　김홍도는 산수화, 인물화, 풍속화 등 여러 분야에 걸쳐 그림을 잘 그렸지만, 가장 뛰어난 분야는 풍속화였습니다. 그런데 김홍도의 그림을 살펴보면, 익살맞은 아이들과 즐거운 표정을 지은 사람들이 많이 등장합니다. 이러한 까닭은 김홍도가 살았던 시대인 영조, 정조 때가 풍요롭고 전쟁이 없던 평안한 시절이었기 때문입니다. 또 김홍도가 주변에서 쉽게 만날 수 있는 보통 사람들의 모습을 깊은 관심과 애정을 가지고 바라보았고, 그것을 표현하는 능력이 뛰어났음을 잘 알 수 있습니다.

　김홍도가 그린 풍속화는 대개 서당, 씨름, 대장장이, 스님, 보따리 장수 등을 다루고 있는데, 대부분 한국적인 해학과 익살이 담겨 있습니다. 또 하나 중요한 점은 당시의 화가들이 중국의 그림을 그대로 따라 그렸던 것에 비해, 김홍도는 자신만의 독창적인 그림을 그리려고 노력했다는 점입니다.

제23대
세도 정치에 시달린 순조

안동 김씨인 김조순은 순조의 장인이 되어 정권을 잡고 조정의 중요한 벼슬을 모두 차지했습니다. 그러나 이들을 견제할 수 있는 세력이 없어서, 이 때부터 당쟁은 없어졌지만 본격적으로 세도 정치가 시작되었습니다.
● 재위 기간(1800~1834)

세도 정치가 심해지다

순조는 정조의 둘째 아들로 수빈 박씨에게서 태어났습니다. 순조는 정조와 의빈 성씨 사이에 태어난 문효 세자가 일찍 죽자 정조 24년(1800)에 왕세자에 책봉되었고, 정조가 세상을 떠나자 11세로 왕의 자리에 올랐습니다.

순조는 어린 나이에 왕이 되었기 때문에 영조의 계비이며 대왕대비인 정순 왕후가 수렴청정을 했습니다.

정순 왕후는 사도 세자를 죽이는 데 찬성했던 벽파의 중심

인물로 권력을 갖게 되자 벽파들을 다시 불러들였습니다. 그리고 당파에 관계없이 인재를 골라서 쓴 정조의 탕평책을 도왔던 사람들을 없앴습니다.

순조 1년(1801)에는 천주교 금지령을 내리고 천주교 신자들을 잡아들이기 시작했습니다. 당시 천주교 신자로 잡혀 죽은 사람은 전국적으로 수만 명이 넘었는데 억울하게 죽은 사람도 많았습니다. 그 당시 천주교를 믿거나 공부하는 사람 중에는 벽파의 반대파인 시파나 남인들이 많았습니다. 그렇기 때문에 겉으로는 유교 윤리를 지키기 위한 명분도 세우고 반대파도 제거하는 효과를 거둘 수 있었습니다.

이 사건을 신유년에 일어났다 하여 '신유박해'라고 합니다.

이 후 정순 왕후는 벽파 중심으로 조정을 이끌어가게 되었습니다.

그러다가 순조 4년(1804), 순조가 15세가 되면서 정순 왕후는 수렴청정을 거두었습니다. 그리고 다음 해에 정순 왕후가 죽자 벽파는 다시 몰락하게 되었습니다.

순조는 왕으로서의 힘이 여전히 약해서, 이번에는 순조의 장인이 된 안동 김씨인 김조순이 정권을 잡았습니다.

안동 김씨 일파는 조정의 중요한 벼슬을 모두 차지했는데, 당시 조정에는 안동 김씨 일파를 누를 수 있는 세력이 없었습니다. 이 때부터 당쟁은 없어졌지만 본격적으로 세도 정치(왕실의 친척이나 신하가 강력한 세력으로 온갖 나랏일을 간섭하던 정치)가 시작되었습니다.

반대 세력이 없는 가운데 정권을 잡은 안동 김씨 일파는 자신들의 정권 유지를 위해 부정을 저지르고 여기저기서 뇌물을 받았습니다. 당연히 과거 제도는 문란해지고 벼슬을 팔고 사는 일이 생겼습니다. 지방은 지방대로 관리들이 온갖 부정을 저지르고, 천주교 탄압까지 겹쳐 백성들의 생활은 점점 힘들어졌습니다. 이런 가운데 살기가 너무 힘들어진 농민들이 5차례나 들고 일어났으며, 순조 11년(1811)에는 홍경래의 난으로 이어지게 되었습니다. 이렇게 세도 정치에 시달린 순조는 순조 34년(1834) 45세로 세상을 떠났습니다.

🌀 홍경래, 난을 일으키다

 평안도에 사는 홍경래는 과거를 보기 위해 열심히 공부를 했지만 해마다 떨어졌습니다.

 그러자 고향 사람들이 홍경래를 타일렀습니다.

 "우리가 살고 있는 서북 지방은 차별을 받고 있어. 서북 지방 사람들은 실력이 있어도 과거에 급제할 수가 없네."

 "맞아. 혹시 급제를 한다고 해도 관직을 얻어 출세한다는 것은 불가능한 일이야."

 "아, 더군다나 안동 김씨가 버티고 있는 요즈음 같은 세상에서는 관직을 돈으로 사고 판다던데……. 과거에도 부정이 많고 말이야."

 그래도 홍경래는 포기하고 싶지 않았습니다.

 하지만 몇 번 더 떨어지고 나니 과거로는 도저히 관리가 될 수 없다는 것을 깨닫게 되었습니다.

 할 수 없이 홍경래는 세도가의 문을 두드렸습니다.

 "하급 관리라도 할 수 있게 해 주십시오."

홍경래는 용기를 내어 부탁을 했습니다. 그러나 아무도 홍경래의 부탁을 들어주지 않았습니다.

홍경래는 세상이 마음에 들지 않았습니다. 그래서 잘못된 정치를 하는 조정을 무너뜨려야 한다는 생각을 하게 되었습니다. 그러던 중에 같은 서북 출신으로 뜻이 맞는 우군칙을 만나게 되었습니다. 우군칙은 양반 출신이었지만 서얼(첩에게서 난 아들)이었기 때문에 과거에 나갈 수 없었습니다.

우군칙은 홍경래를 보며 힘주어 말했습니다.

"대장부로 태어나 이렇게 살다 가면 되겠소? 우리 한번 세상을 뒤엎어 봅시다."

우군칙은 당파 싸움과 문벌 그리고 뇌물로 부패된 조정을 쳐부수자고 했습니다.

홍경래와 우군칙은 당시 정치에 불만을 품은 사람들을 끌어들이기 시작했습니다. 농촌에 사는 부자, 황해도·평안도 일대의 돈 많은 상인 그리고 현실에 불만을 품은 양반 지식층과도 자주 만났습니다. 마침내 홍경래는 뜻을 같이하는 많은 무리를 모았습니다. 종 출신의 부자로 무과에 급제한 이희저, 양반 출신의 김사용, 몰락한 지방 관리 출신의 이제초, 평민 출신의 홍총각 등이 모였습니다. 또 서북 지방에 큰 흉년이 들었을 때를 이용하여 금광에서 금을 캐낸다고 속여 사람들을 많이 모았습니다. 그러고 나서 모인 사람들에게 군사 훈련을 시켰습니다.

 홍경래는 이렇게 철저한 준비를 한 후에 반란을 일으켰습니다. 홍경래는 스스로를 평서 대원수라 부르고, 우군칙을 모사로 삼았습니다. 그리고 홍총각을 맨 앞에 내세워 가산읍부터 쳐부수기 시작해 군수를 죽이고 가산을 무너뜨렸습니다. 그러고 나서 관아의 창고를 열어서 돈과 곡식을 굶주린 백성들에게 나누어 주었습니다. 무기도 빼앗아 가졌습니다.

 가산을 무너뜨린 홍경래는 별다른 저항을 받지 않고 곽산, 정주, 선천, 철산 등을 점령했습니다.

 홍경래는 더욱 기세를 올려 군사를 모아 청천강이 얼었을 때를 이용하여 평양성을 공격하려고 준비했습니다.

"큰일났습니다. 홍경래와 그의 군사들이 난을 일으켰습니다."
뜻밖의 소식에 조정에서는 급히 지원군을 보냈습니다.
지원군이 도착하자 홍경래에게 패하기만 하던 관군이 힘을

얻어서 곽산, 송림 등의 싸움에서 이겼습니다. 싸움에서 진 홍경래의 군사들은 정주성으로 들어가 진을 쳤습니다. 관군은 여러 차례의 공격으로도 성을 빼앗지 못하자 성 안으로 식량과 무기를 나르는 길을 끊었습니다.

　관군은 정주성 주변에 머무르면서 농민들의 식량이나 물건들을 함부로 빼앗았습니다. 그러나 정주성 안에 있는 홍경래의 군사들은 아무리 작은 것이라도 농민들의 것을 빼앗지 않았습

니다. 그러자 농민들은 정주성 안에 있는 홍경래의 군사들과 뜻을 같이하여 홍경래의 군사들에게 관군이 어떻게 하고 있는지 슬쩍 가르쳐 주기도 했습니다. 이렇게 식량과 무기를 나르는 길이 끊기고, 군사적으로 몇 배나 우세한 관군의 공격을 3개월이 넘도록 받았지만 정주성은 끄떡도 하지 않았습니다.

그러자 관군은 성 밑을 파고 화약을 묻은 후 한꺼번에 폭발시켜 성을 무너뜨렸습니다. 성벽이 무너지면서 홍경래의 군사들은 돌에 깔려 죽거나 다쳤습니다. 끝까지 저항하던 홍경래의 군사들은 순조 12년(1812) 4월 19일, 모두 잡혀 죽음을 당했습니다. 이 때 죽은 농민들의 수만 해도 1900여 명이나 되었고, 홍경래 등 앞장섰던 사람들까지 합하면 그 수가 훨씬 많았습니다.

이렇게 하여 서북 지방 출신의 차별 대우에 대한 불만으로 시작되어 조선 왕조를 무너뜨리려는 농민 항쟁으로까지 발전되었던 홍경래의 난은 4개월 만에 끝을 맺었습니다. 나라를 뒤흔든 큰 내란이었습니다.

제24대
사회의 혼란을 겪은 헌종

순조 때부터 무너지기 시작한 사회는 더 급격하게 변화하면서 백성들은 매우 어려워졌습니다. 헌종은 왕위에 있는 동안 세도 정권의 그늘에서 헤어나지 못하다가 23세의 젊은 나이로 세상을 떠났습니다.
● 재위 기간(1834~1849)

조선 사회의 혼란이 심해지다

헌종은 순조의 손자이자 효명 세자의 아들입니다. 순조 30년(1830)에 왕세손에 책봉되고, 1834년에 순조가 죽자 8세의 어린 나이로 왕위에 올랐습니다.

순조의 아들인 효명 세자의 빈은 풍양 조씨였습니다. 그래서 효명 세자가 대리청정을 할 때 잠시 풍양 조씨가 권력을 잡았습니다. 하지만 효명 세자가 일찍 죽고, 순원 왕후가 수렴청정을 하게 되자 다시 권력은 안동 김씨에게 넘어갔습니다.

헌종 1년(1835), 순원 왕후는 홍경래의 난을 교훈삼아 서북 사람에 대한 차별을 없앴습니다. 그러나 천주교 탄압은 계속했습니다.

헌종은 15세가 되던 1841년부터 직접 정치를 했습니다. 순원 왕후의 수렴청정도 끝나고, 안동 김씨 세력도 많이 줄었습니다. 하지만 풍양 조씨가 다시 세력을 잡으면서 정권 경쟁에만 신경을 써 사회는 더 혼란스러워졌습니다.

순조 때부터 무너지기 시작한 사회는 더 급격하게 변화하기 시작했습니다. 농업과 상업을 통해 부자가 된 사람들이 천민에서 양민이 되고, 돈을 주고 양반을 사서 양반이 된 사람도 생겨났습니다. 그리고 당시에 홍수가 자주 일어나고, 무서운 전염병이 돌면서 백성들은 굶주림과 병에 시달리며 죽어갔습니다. 게다가 삼정이 뒤죽박죽이 되면서 백성들의 생활은 더 어려워졌습니다.

조선 시대에 백성들은 국가에 세금을 냈는데 그것이 전정, 군정, 환정(환곡)입니다. 이 셋을 합쳐 삼정이라고 불렀습니다. 전정은 토지에 부과하는 세금이고, 군정은 군역을 대신해 포목을 내는 세금이며, 환곡은 봄에 곡식을 빌려 주고 가을에 갚도록 하는 빈민 구제 제도였습니다.

그러나 세도 정치가 시작되면서 지방 관아가 정치를 잘 못하더라도 조정이 힘을 쓰지 못했습니다.

이를 테면 전정은 정해져 있는 전세보다 부가세가 훨씬 더 많아졌습니다. 부가세는 원래 땅의 소유주인 지주들이 내야 했지만, 지주들은 이런 모든 부가세를 소작인들에게 지불하게 했습니다.

군정은 균역법을 실시하면서 군포의 부담이 줄기는 했지만, 양반이 되어 군역에서 빠져 나가는 양인의 수가 증가하면서 농민들의 부담은 더욱 커졌습니다. 지방관들은 군포의 목표량을 채우기 위해 죽은 사람이나 아이들에게도 군포를 내게 했습니다.

환곡은 삼정 중에 가장 문제가 심했는데, 빌려 줄 때 양을 속이거나 비싼 이자를 물게 하는 방법으로 농민들에게 부담을 주었습니다.

결국 헌종은 왕위에 있는 동안 세도 정권의 그늘에서 헤어나지 못하다가 23세의 젊은 나이에 세상을 떠났습니다.

김대건, 우리 나라 최초의 신부가 되다

김대건은 순조 21년(1821) 8월 21일, 경기도 용인 골배 마을에서 대대로 천주교를 믿는 집안인 김제준의 아들로 태어났습니다. 당시 조정에서는 천주교를 사교로 지정하고 박해를 했습니다. 그런데 김대건이 태어난 골배 마을은 이러한 탄압을 피해 천주교 신자들이 모여 사는 외진 곳이었습니다.

골배 마을의 이웃 마을인 과천 수리산도 역시 천주교 신자들이 모여 사는 마을이었습니다. 수리산에 살던 최양업은 신부가 되기 위해 프랑스 신부인 모방과 함께 지내고 있었습니다. 최양업은 김대건의 아버지와 친척 간이었습니다. 최양업의 집안에서는 김대건이 최양업과 같이 신부가 되기를 바랐

습니다. 그 때 김대건의 나이는 16세였습니다.

　김대건은 곧 영세를 받고 헌종 2년(1836) 7월에 신부가 되기 위해 모방 신부를 찾아갔습니다. 그리고 거기에서 통역관인 유진길에게서 중국어를 배웠습니다. 당시에는 신부가 되기 위해 다녀야 하는 신학교가 조선에는 없고, 중국에만 있었기 때문에 중국어를 배워야 했습니다.

　마침내 기회가 찾아와 김대건과 최양업 그리고 또 한 명의 청년 최방지거는 신부가 되기 위해 북경을 향해 출발했습니다. 이들 세 명의 청년은 무수히 많은 고난을 겪으며 만주를 거쳐 황량한 중국 땅을 가로질러 마카오에 이르렀습니다. 조선을 떠난 지 8개월 만이었습니다. 마카오에 도착한 김대건 등 세 명의 청년은 그 곳 신학교에서 신학, 라틴어, 수학, 지리, 역사, 음악 등 새로운 서양 학문을 배웠습니다.

세 청년이 신부가 되기 위해 마카오에 머무는 동안 그들의 가족은 붙잡혀 모진 고문을 받고 죽었습니다. 이 때 김대건의 아버지, 최양업의 아버지, 할머니, 어머니 등이 목숨을 잃었습니다.

헌종 8년(1842), 김대건은 6년 만에 신학교 수업을 무사히 마쳤습니다. 하지만 감시가 심해 조선으로 들어올 수 없었습니다. 조선으로 들어올 기회를 살피던 김대건은 헌종 11년(1845) 2월에 비밀리에 한양에 도착했습니다.

김대건은 한양에서 교회의 발전을 위해 애쓰다가 상해로 건너가 사제 서품(천주교의 사제가 되기 위해 치르는 의식)을 받고 신부가 되어 조선으로 돌아왔습니다. 그 후로 조선에 천주교를 널리 알리기 위해 위험도 무릅쓰면서 바쁜 나날을 보냈습니다.

그러다가 헌종 12년(1846)에 김대건은 중국과 소식을 주고받을 비밀 항로를 만들어 보려고 백령도 근처를 살피다가 그만 해주 감영(지금의 도청)에서 잡히고 말았습니다. 한양으로 끌려온 김대건은 심한 고문을 당하고 새남터 형장에서 순교했습니다. 그 때 김대건의 나이 26세였습니다.

　김대건은 우리 나라에서 처음으로 서양 학문을 공부한 외국 유학생이고, 최초의 신부였습니다. 김대건은 1984년 교황 요한 바오로 2세에 의해 성인의 자리에 올랐습니다.

김정희, 최고의 명필이 되다

　김정희는 글씨로 유명한 조선 후기의 학자이면서 문신입니다. 김정희는 경주 김씨 집안에서 정조 10년(1786)에 태어났습니다. 병조 판서를 지낸 아버지 김노경의 장남으로 태어나 뒤에 큰아버지 김노영에게 양자로 들어가 대를 이었습니다.

　김정희가 어릴 때부터 글씨에 남다른 재능이 있다는 것을 안 아버지는 김정희를 당시의 이름 높은 실학자인 박제가에게 배우도록 했습니다. 그리하여 김정희는 어려서부터 실학 사상을 배울 수 있었습니다.

김정희는 24세 때 아버지를 따라 중국에 갈 기회가 있었는데, 그 때 중국에서 사귄 학자들에게서 큰 영향을 받았습니다. 뿐만 아니라 김정희의 깊고 폭넓은 지식은 중국 학자들도 인정할 정도였습니다. 특히 당시 중국 최고의 학자였던 옹방강(금석학에 통달한 중국 청나라의 대학자이며 서예가)과의 만남은 평생 이어졌습니다.

김정희는 학문과 관직에서 큰 어려움이 없이 지내다가 그만 남이 저지른 죄에 관련되어 헌종 6년(1840)에 제주도에 유배되었습니다. 집 둘레에 가시 울타리를 치고 밖으로 나가지 못하는 벌을 받은 김정희는 제주도에서 9년이라는 세월을 귀양살이를 하며 보냈습니다.

철종 2년(1851)에도 북청에서 귀양살이를 했는데, 다행히 1년 만에 풀려났습니다.

이렇게 김정희는 오랫동안 귀양살이를 했지만, 귀양살이를 하던 중에도 학문과 글씨를 갈고 다듬어서 대학자이며 명필로 이름을 남겼습니다.

김정희가 완성한 글씨는 역대의 명필들에게서 장점만을 취하고, 그의 예술 혼을 담은 독창적인 것으로 김정희의 호를 따라 '추사체'라고 했습니다.

추사체로 김정희는 당시 동양에서 최고의 명필로 인정받았습니다. 김정희의 호는 추사 외에 완당, 예당 등 100여 가지나 되었습니다.

김정희는 글씨뿐 아니라 시와 그림에도 뛰어난 작품을

많이 남겼습니다. 또한 금석학(고대의 청동 유물, 철기 유물, 비석, 화폐 등에 새겨진 글자를 연구하는 학문)에도 조예가 깊어 북한산에 있던 한 비석이 신라 진흥왕순수비(신라의 진흥왕이 영토를 확장하고 국경을 순찰하면서 세운 기념비)임을 밝혀 내기도 했습니다.

김정희는 《완당집》, 《금석과안록》, 《실사구시설》, 《완당척독》 등의 책을 썼으며, 작품으로는 〈세한도〉, 〈묵죽도〉, 〈묵란도〉, 〈부작란〉 등이 있습니다. 이 외에 많은 글씨를 남기고 철종 7년(1856)에 세상을 떠났습니다.

청렴한 관리 홍기섭, 도둑도 놀라다

남양 홍기섭은 조선 제24대 왕인 헌종의 두 번째 왕비인 명헌 왕후의 할아버지입니다. 홍기섭은 워낙 강직하고 청렴해서 벼슬을 했어도 집안이 너무나 가난했습니다.

어느 날, 홍기섭의 집에 도둑이 들었습니다. 도둑은 집 안을 여기저기 살펴보았지만, 가져갈 것이 보이지 않았습니다.

'아무리 그래도 부엌에는 뭔가 가져갈 게 있겠지.'

이런 생각을 하며 도둑은 부엌으로 갔습니다. 그러나 값나가는 그릇 하나 볼 수 없었습니다. 그 때 도둑의 눈에 부뚜막에 놓인 솥이 보였습니다.

"아무것도 없으니 솥이라도 가져가야겠다."

도둑이 솥뚜껑을 열었습니다. 그런데 솥이 보송보송 말라 있었습니다. 그러니까 오랫동안 음식을 끓인 적이 없다는 뜻이었습니다. 도둑은 문득 불쌍한 생각이 들었습니다.

'이 집 사람들은 어떻게 살까? 오랫동안 밥을 해 먹지 않았다니, 이렇게 가난한 집은 처음이다.'

잠시 서 있던 도둑은 다른 집에서 훔쳐 온 다섯 냥을 솥 안에다 넣어 두고는 집을 빠져 나왔습니다.

이튿날 아침, 홍씨의 부인은 솥뚜껑을 열어 보고는 깜짝 놀랐습니다. 솥 속에 다섯 냥의 돈이 들어 있었던 것입니다.

홍씨의 부인은 홍기섭에게 조심스럽게 말했습니다.

"당신이 청렴하니 하늘에서 돌보신 것이 틀림없어요. 이 돈으로 쌀을 사서 아침밥을 드릴게요."

부인의 말에 홍기섭은 펄쩍 뛰었습니다.

"그게 무슨 말이오? 이 돈은 누가 잃어 버린 것이 틀림없소."

그러면서 홍기섭은 담벼락에다 이렇게 써 붙였습니다.

돈을 잃은 자는 와서 찾아가라.

한편, 도둑은 일이 어떻게 되었는지 궁금하여 홍기섭의 집을 기웃거리다가 담벼락에 붙은 글을 읽었습니다.

글을 읽는 순간 도둑은 한숨을 쉬었습니다.

'아, 두고 온 돈도 찾아 주려고 하는 사람이 있는데, 나는 남의 것을 훔치며 살고 있다니……'

홍기섭의 깊은 뜻을 헤아린 도둑은 그 날부터 그릇된 마음을 버리고 새사람이 되었습니다. 그리고 홍기섭의 집을 찾아가 홍기섭의 집을 소리 없이 돌보기 시작했습니다. 먹을 것이 떨어지면 조용히 먹을 것을 갖다 놓았고, 땔감이 없으면 산으로 가 땔나무를 해 왔습니다.

도둑의 성은 유씨였는데, 이 일이 세상에 알려지자 사람들은 도둑을 유 군자라고 불렀습니다.

제25대
농부에서 왕이 된 철종

안동 김씨는 강화도에 숨어 살던 철종을 왕으로 세웠습니다.
철종이 배우지 못하고 집안이 미약했으므로 자신들의 권력을 빼앗기지 않고,
계속 정권을 잡을 수 있기 때문이었습니다.
● 재위 기간(1849~1863)

🌀 농사를 짓다가 왕이 되다

헌종의 뒤를 이어 왕위에 오른 철종은 전계군(은언군의 아들로 사도 세자의 손자)의 셋째 아들이었습니다. 철종은 강화도에서 농사를 짓다가 갑자기 궁궐로 모셔져 19세에 왕의 자리에 올랐습니다.

철종이 강화도에 가서 살게 된 것은 헌종 10년(1844) 형 회평군 명이 모반죄(나라나 왕을 배반하여 군사를 일으킨 죄)에 걸려 가족이 모두 강화에 유배되었기 때문이었습니다.

헌종이 갑자기 죽자, 헌종의 뒤를 이을 아들이 없었습니다. 그래서 대왕대비인 순원 왕후가 원로 대신들을 모아 물었습니다.

"누구를 왕으로 모시는 것이 좋겠소?"

옆에 있던 좌의정 권돈인이 대답했습니다.

"덕흥 대원군(선조의 아버지)의 자손인 이하전이 적절하다고 생각되옵니다."

이하전은 왕족 중 똑똑하다는 평판을 듣는 사람이었습니다.

그러나 영의정 정원용은 다른 의견을 말했습니다.

"전계군의 셋째 아들을 모심이 마땅하다고 아뢰오."

대신들은 이렇게 서로 다른 의견을 고집했습니다. 대신들은 나랏일을 처리하면서 나라의 장래보다는 자신의 입장만을 고집했습니다.

순원 왕후는 대신들을 물리친 다음 영의정의 의견에 따라 전계군의 셋째 아들 이원범을 헌종의 뒤를 이어 왕위에 오르도록 지명했습니다.

강화도에서 농사를 짓고 살면서 교육도 제대로 받지 못하고

자란 철종을 왕으로 세운 것은 안동 김씨의 세력이었습니다. 철종이 배우지 못하고 집안이 보잘것이 없었으므로 자신들이 권력을 빼앗기지 않고 계속 정권을 잡을 수 있기 때문이었습니다.

철종이 왕의 자리에 오르자 순원 왕후가 수렴청정을 했고, 철종 2년(1851)에는 김문근의 딸을 왕비로 맞았습니다. 이듬해부터 철종은 직접 나라를 다스렸으나 권력은 안동 김씨들에게 있었습니다.

김문근의 딸이 철종의 왕비가 되면서 안동 김씨 일가의 권력은 더 커졌습니다. 철종의 장인이 된 김문근은 정권을 손아귀에 넣었습니다. 조카 김병학에게 대제학을, 병국에게 훈련대장을, 병기에게 좌찬성을 맡게 했습니다.

순조 때부터 시작된 안동 김씨의 세도 정치가 다시 시작되어서 철종은 제대로 힘을 쓸 수 없었습니다. 정치적으로 안동 김씨 세력을 누를 수 있는 세력이 없어서 안동 김씨들의 횡포는 점점 더 심해졌습니다. 나라는 크게 어지러워졌고, 백성들의 살림살이는 몹시 고단했습니다. 많은 사람들이 뇌물을 주고 받았으며, 벼슬을 팔고 사는 일이 끊이지를 않았습니다.

뇌물을 주고 관직을 산 벼슬아치들은 백성들의 재물을 손에 넣었습니다. 윗자리에 있는 벼슬아치들이 백성들의 재물을 탐내어 함부로 빼앗는 등 횡포를 부리자, 아래에 있는 벼슬아치들도 덩달아서 자신의 몫을 찾느라 백성들을 괴롭혔습니다.

학문을 연구해야 할 서원에서도 온갖 나쁜 짓을 일삼았습니다. 돈이 많거나 권력이 있는 사람들이 서원을 제멋대로 세웠는데, 이러한 서원은 전국에 1000여 개로 늘어났습니다. 조정에서 서원에 세금을 내지 않도록 혜택을 주자 나라 살림이 더 어려워졌습니다.

더욱이 서원의 원생들은 자기들 당파에 불리한 정책이 나오면 떼를 지어 상소하고 다른 당파를 모함하는 데 열중했습니다. 또 서원에 행사가 있다는 핑계를 내세워 백성들에게 재물을 거두기도 했습니다. 무능한 무관의 자제들도 능력과는 상관 없이 활도 잡아 보지 않고 무관 벼슬을 할 수 있는 특혜를 누렸습니다. 이렇게 사회가 문란해지자 나라는 날로 쇠약해져 갔습니다.

안동 김씨의 세도 정치 속에서도 철종은 백성들을 돌보는

데 노력을 하여, 관서 지방에 식량이 부족하여 백성들이 굶주리자 재물을 빌려 주었습니다. 또 못된 관료들을 혼내기도 했습니다. 그러나 안동 김씨의 세도 정치 때문에 제대로 나라를 다스리지 못하고, 나중에는 자신의 목숨까지도 위태롭게 되었습니다.

결국 철종은 안동 김씨의 세력에 대항할 방법이 없자 술과 궁녀들을 점점 가까이 하기 시작했습니다. 그러다가 몸이 약해져 33세의 나이로 세상을 떠났습니다.

민란이 일어나고 동학이 발생하다

고통에 빠진 농민들의 불만이 날로 커지자 조정에서는 철종 12년(1861), 지방 관리의 행패를 엄중히 다스리도록 명령했습니다. 그러나 영의정으로 있던 정원용의 반대로 실천에 옮기지 못했습니다.

이런 가운데에 경상 우병사 백낙신은 진주에서 법에도 없는

각종 세금을 거두어들이고, 백성들의 재물을 함부로 빼앗고, 환곡의 이자를 받아 챙기는 등 농민들을 괴롭혔습니다.

이와 같은 관료들의 부정에 참을 수 없었던 농민들은 마침내 철종 13년(1862) 2월 19일, 경상도 진주에서 민란을 일으켰습니다.

민란은 전 교리(조선 시대 집현전, 홍문관에 있었던 관직) 이명윤 등 양반 지식인이 주동자로 나서서 향리의 유지들을 가담시키고, 머슴살이를 하는 사람들의 힘까지 합쳐 조직을 만들고 훈련을 한 후 읍내로 쳐들어갔습니다.

조정에서는 민란이 일어났다는 보고를 받고 2월 29일, 박규수를 안핵사(지방에 민란과 같은 사건이 발생하면 이를 진정시키거나 무마시키기 위해 보냈던 임시 직책)로 삼아 사태를 수습하려 했으나, 한번 터진 농민의 분노와 항쟁은 쉽게 사그라지지 않았습니다.

민란은 진주에서 그치지 않고 다른 지방으로 빠르게 퍼져 갔습니다. 그 해 3월에는 전라도, 4월에는 경상도와 전라도, 5월에는 충청도와 전라도 등지에서 계속해서 폭동이 일어났습니다.

그러자 조정에서는 민란이 일어난 지방에 관리를 파견하여 사태를 수습하려 했습니다. 또 민란을 주동한 사람은 극형에 처하고, 탐관오리를 징계하는 한편 삼정을 바로 세우기 위해 노력했습니다.

이 때 파견된 박규수는 민란의 현장을 살펴보면서, 민란의 원인이 관리들이 백성들의 재물을 함부로 빼앗고, 사치를 하여 백성들의 형편이 궁핍한 데 있다고 알렸습니다. 이러한 박규수의 의견을 받아들여 나라에서는 삼정의 개혁을 위해 '삼정이정청'이라는 기관을 설치하고 백성들의 요구를 들어주기 위해 노력했습니다.

 조정의 노력으로 걷잡을 수 없던 각 지방의 민란은 어느 정도 가라앉았습니다. 하지만 그 해 여름에 가뭄이 심하게 들고, 또 홍수 때문에 재해를 입는 지역이 많아지자 다시 민심이 동요하기 시작했습니다. 그리하여 8월 이후에 또다시 전국에서 민란이 일어났습니다. 9월에는 제주도에서 수만 명의 농민이 폭동을 일으키고, 10월에는 함경도 함흥, 11월에는 경기도 광주, 12월에는 경상도 창원, 전라도 남해, 황해도 황주 등지에서 민란이 터져 전국이 혼란에 빠졌습니다. 그러다가 철종이 죽고, 안동 김씨의 세도가 몰락하면서 가라앉았습니다.

 이렇게 혼란스런 가운데, 철종 11년(1860)에는 최제우가 동학을 창시했습니다.

 유교와 불교는 이미 타락하고 쇠퇴하여 백성들의 마음을 얻지 못했습니다. 또 새로 들어온 천주교는 유교의 윤리대로 살아온 백성들이 받아들이기에는 너무 낯설었고, 조정의 탄압이 심하여 널리 퍼지지 못했습니다.

동학은 천주교를 서양에서 왔다고 '서학'이라고 부르는 것

에 대하여, 우리의 고유 종교라는 뜻에서 붙여진 이름입니다. 동학은 '인간이 곧 하늘'이니 한 사람 한 사람을 소중히 여겨야 하며, 모든 사람은 평등하다는 사상을 근본으로 했습니다.

동학은 전염병이 크게 유행하고 사람들의 불안감이 고조되어 있던 삼남 지방(남쪽의 세 지방. 즉 충청, 경상, 전라 3도)에서 빠르게 전파되었습니다.

최제우는 동학을 널리 퍼뜨린 지 3년 만인 철종 14년(1863)에 잡혔습니다. 최제우는 사람을 속이고 세상을 어지럽게 했다는 죄로 처형당했습니다.

최제우에 이어서 최시형이 동학의 2대 교주가 되어 비밀리에 활동을 하며 세력을 넓혔습니다. 세력이 커진 동학은 최제우의 원통함을 풀어 달라는 운동을 펼쳤고, 이 운동은 동학 농민 운동으로 발전하게 되었습니다.

제26대
외세에게 수난을 당한 고종

흥선 대원군은 안동 김씨의 세도 정치를 뿌리 뽑고 개혁을 통해 문란한 정치와 사회를 바로잡으려고 노력했습니다. 그러나 나중에 민씨 세력에 의해 밀려났고, 고종은 일본의 침입으로 수난을 당했습니다.
● 재위 기간(1863~1907)

흥선 대원군, 야망을 숨기다

안동 김씨의 세도 정치 때문에 왕족들은 죽은 듯이 지내야 했습니다. 왕족의 남자로서 똑똑하고 영리해 보였다가는 안동 김씨들에게 무슨 일을 당할지 알 수 없었습니다. 안동 김씨들은 똑똑한 사람이 왕위에 오르면 자신들이 밀려날지도 모르기 때문에 왕족들을 반역죄로 몰아 귀양을 보내거나 죽였습니다. 헌종이 죽은 뒤 왕위 후보에 올랐던 이하전도 반역죄로 몰려 죽음을 당했습니다.

흥선군 이하응은 영조의 증손자였습니다. 흥선군도 왕족 출신이었기 때문에 안동 김씨들에게서 온갖 수모와 멸시를 받아야 했습니다.

흥선군은 매일같이 부랑배와 어울려 다니며 술타령을 했습니다. 술에 취해 비틀거리며 횡설수설하는 흥선군을 사람들은 비웃었습니다. 그런데 이러한 행동은 흥선군이 살아남기 위한 방법이었습니다. 겉으로는 술집에나 출입하고 노름이나 하는 타락한 인물인 듯했으나, 실상은 남모르게 궁중의 어른인 대비 신정 왕후 조씨(헌종의 어머니)와 통하고 있었습니다.

신정 왕후 조씨의 친정 조카들인 조성하, 조영하 등과 은밀히 친분을 맺어 자신의 둘째 아들인 명복(후에 고종)을 신정 왕후에게 알려 놓았습니다.

어느 해 봄날이었습니다. 철종의 왕비인 철인 왕후의 친정 아버지인 김문근의 생일 잔치가 성대하게 벌어졌습니다.

세도가인 안동 김씨 일가는 물론이고, 모든 벼슬아치들이 이 날만큼은 빠짐없이 찾아와 선물을 바치고 즐겼습니다. 마치 왕의 잔치만큼이나 성대했습니다.

흥선군도 일부러 낡은 옷을 입고 김문근의 생일 잔치에 갔습니다. 흥선군은 소문난 잔치라면 초대를 받지 않은 경우에도 거의 빠짐없이 찾아다니며 실컷 마시고, 술주정을 하여 사람들로부터 손가락질을 받았습니다.

흥선군은 잔칫상에서 먹은 것을 토하면서 비틀거렸습니다. 보다 못한 하인들이 흥선군을 끌어내려고 달려들자 흥선군이 떡 버티고 서서 말했습니다.

"이놈들아, 놔두어라. 이 더러운 손 치우지 못할까!"

사람들은 얼굴을 찌푸리며 술에 잔뜩 취한 흥선군을 멀리했습니다.

그 때 김병학이 뛰어내려왔습니다.

"나리, 오늘은 많이 취하셨군요. 어서 일어나십시오."

김병학은 쓰러지려는 흥선군을 붙들어 일으켰습니다. 흥선군은 취기로 몽롱한 눈을 들어 김병학을 바라보았습니다.

김병학이 흥선군의 눈을 보니 원한의 빛이 서려 있었습니

제26대 외세에게 수난을 당한 **고종**

다. 또 입가는 분노로 떨리고 있었습니다. 김병학은 얼른 물을 떠오게 하여 더럽혀진 옷과 갓을 말끔히 씻어 주었습니다. 그리고 흥선군을 교자(지붕이 없고 의자처럼 생긴 가마)에 태워서 집까지 정중하게 데려다 주도록 했습니다.

이렇게 흥선군에게 김병학이 호의를 베푼 덕분에 뒷날 흥선군이 대원군(왕의 친아버지를 대원군이라 함)이 되어 정권을 휘두르면서 대부분의 안동 김씨 일족이 사라졌지만 김병학, 김병국 형제는 살아남을 수 있었습니다.

고종, 왕위에 오르다

영원히 계속 될 것 같던 안동 김씨의 세도 정치도 끝이 보였습니다. 철종이 왕위에 오른 지 14년 만에 세상을 떠난 것입니다. 안동 김씨들은 철종 이후에 누구를 왕으로 삼을 것인지 미처 생각해 놓지 못한 상태였습니다.

이 때 안동 김씨 세력을 견제하려는 신정 왕후는 뜻이 맞는 흥선군과 미리 짜고 흥선군의 아들 이명복을 왕위에 앉히려고 마음먹고 있었습니다.

신정 왕후는 신하들을 둘러보며 말했습니다.

"흥선군의 둘째 아들 명복이 지금 13세라 하는데 똑똑하다 하오. 경들의 생각은 어떠시오?"

"흥선군이 살아 있고, 또 흥선군의 행실이 바르지 못하니 부원군으로 적합하지 못합니다."

누군가 반대 의견을 하자 신정 왕후는 힘주어 말했습니다.

"우리가 지금 왕을 정하는데, 그 아버지까지 따질 겨를이 없소. 아버지는 높여 주되 나랏일에는 간섭하지 않도록 하면 될 것이 아니겠소. 명복으로 정하도록 하시오."

이렇게 하여 고종이 왕의 자리에 오르게 되었고, 흥선군 이하응은 대원군이 되었습니다. 그리고 신정 왕후가 수렴청정을 했는데, 얼마 후 신정 왕후는 나랏일을 모두 흥선 대원군에게 맡겼습니다.

드디어 흥선 대원군은 권력의 자리에 오를 수 있게 되었습

니다. 이제 왕권을 강화할 기회를 잡은 것입니다.

흥선 대원군은 나랏일을 맡게 되자, 안동 김씨의 세도 정치를 뿌리 뽑고 개혁을 통해 문란한 정치와 사회를 바로잡으려고 노력했습니다. 그 중에서 세 가지 업적을 소개하면 다음과 같습니다.

첫째, 안동 김씨와 같은 세도가를 몰아내고 신분, 계급, 출신지의 차별 없이 평등하게 인재를 골라서 썼습니다.

둘째, 백성들을 괴롭히는 나쁜 관리들을 없애 백성들의 어려운 생활을 잘 살폈습니다.

셋째, 당쟁의 소굴이며 백성들을 괴롭히는 서원을 없앴습니다.

그리고 나서 흥선 대원군은 권위가 떨어진 왕실의 위엄을 살리기 위해서 경복궁을 다시 지었습니다. 경복궁은 임진왜란 때 불타서 없어지고 난 뒤에 다시 짓지 못하고 있었습니다.

"왕의 권위를 살리기 위해서라도 경복궁을 다시 지어야 합니다."

흥선 대원군은 경복궁을 다시 지어야 한다고 강하게 주장했습니다. 그런데 경복궁을 다시 지으려면 많은 돈이 필요했습니다. 그래서 흥선 대원군은 백성들에게 '원납전'이라는 것을 받았습니다. 그래도 돈이 모자라자 '당백전'이라는 돈을 새로 만들어 냈습니다. 게다가 경복궁을 짓는 데 많은 사람이 동원되어 점차 흥선 대원군을 원망하는 사람들이 늘기 시작했습니다.

천주교를 탄압하고 쇄국 정치를 펴다

천주교가 들어온 이후 정약용을 비롯한 많은 천주교 신자들이 고초를 겪자 천주교는 겉으로는 자취를 감추었습니다. 그러나 은밀하게 퍼져서 천주교 신자들은 중국 연경을 오가는 사람들을 통하여 성경을 몰래 들여왔습니다.

그러던 중에 헌종 초에 의주에서 프랑스 선교사가 선교를 계속하다가 발각되어 목이 베어 죽었습니다. 그런데도 천주교는 나날이 퍼져 나갔습니다.

흥선 대원군도 천주교를 탄압했는데, 나라의 질서를 다시 세우려는 흥선 대원군은 천주교를 받아들일 수 없었습니다.

이러한 시기에 고종 1년(1865) 아라사(러시아)가 함경도 연안에 나타나 통상을 요구했습니다. 그러자 정부와 흥선 대원군은 크게 당황했습니다.

천주교 신자인 승지 남종삼은 이 기회를 이용하여 천주교를 널리 알리고 싶었습니다.

남종삼이 흥선 대원군에게 간곡하게 아뢰었습니다.

"아라사를 막자면 법국(프랑스)의 힘을 빌려야 합니다. 법국을 움직이려면 천주교 선교사를 이용하면 됩니다."

"그러면 그대가 한번 주선해 보오."

남종삼이 6개월 만에 프랑스 선교사를 찾아갔으나 프랑스 선교사들은 한결같이 정치는 모른다며 외면했습니다. 그러는 사이에 운현궁에 '천주학쟁이가 드나든다.'는 소문이 났습니다. 잘못하면 흥선 대원군 자신도 위태로울 지경이었습니다.

비슷한 시기에 청나라에서 천주교 탄압이 시작되었고, 유생들도 천주교가 퍼지는 것을 막자, 흥선 대원군은 천주교 신자를 죽이라고 명령을 내렸습니다. 그리하여 9명의 프랑스 신부들과 수천 명의 천주교 신자들이 처형되었습니다. 이것이 '병인박해'입니다.

당시에 잡혀온 천주교 신자들에게 천주교를 버리면 목숨을 살려 주겠다고 했으나 아무도 응하는 사람이 없었습니다.

프랑스는 선교사의 처형을 구실로 강화읍을 점령하고 서울로 쳐들어오려고 했지만, 흥선 대원군은 문수산성과 정족산성에서 프랑스 군을 물리쳤습니다. 이어서 미국도 강화도를 공격해 왔지만, 흥선 대원군은 광성보와 갑곶 등지에서 격퇴시켰습니다. 그리고 나서 척화비를 세워 세계에 문호를 개방하지 않는 쇄국 정책을 펼쳤습니다. 흥선 대원군의 이런 정책은 일시적으로는 외세의 침략을 막을 수 있었지만, 결국 조선의 문호를 개방하는 시기를 늦추는 결과를 가져왔습니다.

강화도 조약으로 문호를 개방하다

쇄국 정치를 펼치던 흥선 대원군이 권력을 잃을 즈음에, 일본은 운요 호를 조선 연해에 파견하여 강화도 동남쪽 난지도 부근에 정박했습니다. 일본은 마실 물을 구한다는 핑계로 군인을 보내 강화도 연안을 몰래 살피기도 했습니다.

강화도의 초지진 포대는 외국의 군대가 허락도 없이 조선의 연해를 살피자 대포를 쏘아 접근을 막았습니다. 그러자 일본은 기다렸다는 듯이 대포를 쏘아 초지진을 파괴하고, 군대를 강화도에 상륙시켰습니다. 그리고 백성들을 죽이고, 불을 지르고, 물건을 훔쳐 갔습니다. 이 일로 조선은 수많은 사람이 죽었지만, 일본은 단 2명만이 다쳤습니다.

이 사건을 핑계로 일본은 조선에 문호를 개방할 것을 요구하여, 결국 조선은 일본에 문호를 개방하게 되었습니다.

이것이 바로 1876년에 맺은 강화도 조약이며, 이 조약은 우리 나라 최초의 근대적 조약이었습니다. 일본은 강화도 조약을 발판으로 삼아 조선을 침략하기 시작했습니다. 조선은 강화도 조약으로 일본에 문호를 개방한 후에 미국, 영국, 독일, 러시아, 프랑스 등과도 외교 관계를 맺기 시작했습니다.

동학 농민 운동이 일어나다

전라도는 다른 곳보다 관리들의 횡포가 심했습니다. 고종 때만도 대규모의 민란이 26번이나 일어났습니다.

특히 고부 지역에서 일어난 민란은 동학 농민 운동이 일어난 직접적인 동기가 되었습니다. 당시 고부 군수 조병갑은 부임하자마자 농민들에게 부당한 세금을 거두었습니다.

이에 화가 난 농민들은 동학의 간부였던 전봉준을 앞장세워 고종 30년(1893) 12월과 이듬해 1월, 2번에 걸쳐 군수에게 항의했습니다. 그러나 오히려 농민들이 체포되거나 쫓겨났습니다.

더 이상 참을 수 없었던 전봉준과 1000여 명의 농민은 다음 해 2월 관아를 습격하여 군수를 내쫓고, 곡식을 빼앗아 가난한 사람들에게 나누어 주었습니다.

그런데 이를 진정시키려 온 안핵사 이용태가 이 때 봉기한 농민을 동학도로 취급하여 탄압하자 농민들은 이를 참지 못하고 보국안민(나라를 지키고 백성을 편안하게 한다는 말)을 부르짖으며 봉기를 일으켰습니다.

그러자 부근에 있던 농민 수천 명이 봉기에 합세했습니다. 이에 농민군들은 전봉준을 총대장으로, 김개남, 손화중을 장령으로 삼고 체계적인 조직을 만들었습니다.

이어서 농민군은 다시 전주에서 온 1000여 명의 관군과 상인군을 무찌르고 무장, 영광으로 나아갔습니다. 당황한 조정에서는 1000여 명의 군사를 보낸 후, 다시 500여 명을 더 보내었으나 농민군에게 패했습니다. 이리하여 농민군은 5월 31일 전주를 점령했습니다.

고종은 농민들의 기세가 전국적으로 퍼지자 청나라에 지원군을 요청했습니다.

 조선이 청나라에 지원군을 요청했다는 사실을 알게 된 일본은 조선에 머무르고 있는 일본인을 보호해야 한다는 이유로 군대를 보내려 했습니다. 일이 커지자 고종은 농민군을 달래는 것이 급하다고 생각해, 마침내 조정에서는 농민군의 개혁안을 받아들여 전주에서 휴전 협정을 맺었습니다.

 그 후 대부분의 농민은 집으로 돌아갔으나 동학군은 동학 교도들을 각 지역에 보내었습니다. 동학을 널리 퍼뜨리기 위해서였습니다.

 그런데 조정은 농민군과 한 약속을 지키지 않았습니다. 또 일본도 1만 명의 군사를 이끌고 조선에 들어와 정치에 간섭하려 들더니, 이번 기회에 청나라를 조선에서 쫓아내기 위해 전쟁을 일으켰습니다.

그러자 동학군은 10월 중순, 삼례에서 회의를 열었습니다.

"정부와 타협하도록 합시다."

온건파인 최시형, 이용구 등이 말했습니다.

그러나 전봉준, 김개남 등의 과격파는 의견이 달랐습니다.

"한양으로 올라가 끝까지 싸워야 하오."

이에 전봉준은 동학군을 이끌고 한양으로 향했습니다.

이 때 다시 전국적인 민란이 일어났습니다.

먼저 공주를 점령하려 한 전봉준이 이끄는 10만 군대와 손병희가 이끄는 10만 군대는 공주의 우금치에서 관군과 일본군에 대항하여 공격을 시작했습니다. 그러나 근대식 무기를 갖춘 일본군에 패하여 후퇴했습니다.

전봉준은 다시 싸울 것을 결심했으나 동지의 배반으로 순창에서 체포되어 다음 해 3월 한양에서 처형되었습니다. 이로써 1년간에 걸친 동학 농민 운동은 30만 명이 넘는 희생자를 내고 끝이 났습니다.

동학 농민 운동은 양반 사회와 관료의 부패, 외국의 침략에 대항하여 일어난 최초의 민족 운동입니다. 그러나 조직력이 부족했고, 당시의 국제 정세 때문에 마음껏 활동할 수 없어 결국 성공하지 못했습니다.

그러나 동학 농민 운동은 이후에 큰 영향을 끼쳤습니다. 타락했던 지배층이 반성하는 계기가 되어, 비록 일본의 강압에 의한 것이었지만 갑오개혁을 일으켰습니다. 또 청나라와 일본의 군대가 조선에 들어오면서 청일 전쟁의 직접적인 계기가 되었습니다. 나아가 동학 농민 운동은 후일 나라의 독립을 위해 일본과 싸우는 독립 운동으로 이어졌습니다.

임오군란이 일어나다

명성 황후는 고종의 왕비입니다. 여주 태생으로 9세 때 부모를 여의고 가난하게 자라다가 고종 3년(1866) 흥선 대원군의 부인 민씨의 추천으로 16세에 왕비로 간택되었습니다.

그러나 당시 고종은 궁인 이씨만을 사랑했습니다. 게다가 이씨가 숙원이 되어 완화군을 낳자 흥선 대원군은 매우 기뻐했습니다. 흥선 대원군이 완화군을 원자로 책봉하려 하자, 명성 황후가 반대했습니다.

이렇게 명성 황후는 흥선 대원군과 정치적으로 대립하면서 세력을 키웠습니다. 명성 황후는 자신의 일가를 중요한 관리직에 불러들이고, 세력 있는 대신들을 자신의 편으로 끌어들이는 한편, 유림의 큰 인물인 최익현과도 교류하여 세력을 키워 갔습니다.

고종 10년(1873), 명성 황후는 일본에 정한론(1870년대 일본에서 나타났던 한국을 정복하자는 공격론)이 대두되어 국제 정

세가 긴박해지고, 경복궁을 다시 짓는 문제로 흥선 대원군에 대한 민심이 나빠진 틈을 이용하여 흥선 대원군을 탄핵하고자 했습니다. 그래서 최익현을 동부승지에 앉히고, 흥선 대원군의 정책을 비판했습니다.

그리고 이제 고종도 20세가 넘었으니 나랏일을 왕에게 넘겨

주라는 상소도 올리게 했습니다. 그러나 흥선 대원군 편인 대신들의 반대 상소와 최익현을 처벌해야 한다고 주장하는 모든 상소는 무시했습니다. 결국 흥선 대원군은 물러나고, 고종과 명성 황후를 중심으로 하는 정치가 시작되었습니다.

직접 정치에 나선 고종은 쇄국 정책을 폐지한 후 일본과 수호 관계를 맺었습니다.

그런데 고종 19년(1882), 근대식 군대인 별기군이 특권을 누리는 것에 비해 급료도 받지 못한 구식 군대가 임오군란을 일으켰습니다. 구식 군인들은 흥선 대원군에게 도움을 청하고, 정부 고관들의 집과 일본 공사관을 습격했습니다. 명성 황후는 화개동 윤태준의 집을 거쳐 충주의 장호원으로 피신했습니다.

임오군란을 통해 재집권한 흥선 대원군은 군인들을 달래기 위해 명성 황후가 죽었다고 알렸습니다. 그러나 명성 황후는 윤태준을 몰래 보내 고종에게 자신이 살아 있음을 알리고 청나라에 지원을 요청했습니다.

흥선 대원군이 다시 나랏일을 맡으면서 구식 군인들의 불만은 가라앉았으나 갑자기 청나라 군대가 한양에 들어오면서 흥선 대원군을 납치해 가 버렸습니다.

갑신정변과 갑오개혁이 일어나다

이러한 일이 있고 나서 청나라의 간섭은 더욱 심해졌습니다.

이에 반발한 젊은 개화파들은 고종 21년(1884), 갑신정변(김옥균을 비롯한 급진 개화파가 명성 황후 정권을 몰아내고, 개화사상을 바탕으로 조선을 근대화할 목적으로 일으킨 정변)을 일으켜 새로운 정부를 세웠습니다. 청나라를 물리치고 자주 독립 정권을 세우자는 뜻이었습니다.

젊은 개화파들은 문호를 개방하고 근대 문명을 받아들여 조선을 빨리 근대 국가로 만들어야 한다고 주장했습니다. 그러나 명성 황후는 청나라에 지원을 요청하여 개화당 정권을 3일 만에 무너뜨렸습니다. 이후 명성 황후는 다시 정권을 쥐게 되었습니다.

그로부터 10년 뒤인 1894년에는 동학 농민 운동을 계기로 청일 전쟁과 갑오개혁이 일어났습니다. 조선의 조정은 동학 농민 운동을 통해 농민들의 불만과 분노가 크다는 사실을 알게 되었고, 개혁이 필요하다는 생각을 하게 되었습니다.

그런데 이 때 조선을 이용해 경제적 이익을 얻고 조선의 국권을 빼앗기 위해 기회를 노리던 일본은 조선의 정부가 개혁을 해야 한다고 주장했습니다. 그 뒤에는 흥선 대원군을 이용해 명성 황후를 견제하려는 속셈도 가지고 있었습니다.

이러한 상황에서 일본은 군대를 보내 경복궁을 장악했습니다. 이 일로 명성 황후의 세력은 힘을 잃고 물러나게 되었고, 흥선 대원군을 앞세운 김홍집의 개화당 세력이 새 내각을 세웠습니다.

김홍집 내각은 군국기무처라는 기관을 설치하고 여러 가지 개혁을 이루었습니다.

이 개혁은 신분 제도와 대대로 내려오는 나쁜 관습을 없애는 내용을 담고 있었습니다. 사람을 물건처럼 취급하여 사고파는 인신 매매의 금지, 어린 나이에 결혼하는 조혼의 금지, 과부의 재혼 허용, 고문과 연좌법의 폐지 등이 이루어졌습니다. 그러나 농민들에게 가장 절실했던 토지 제도의 개혁이나 군사의 개혁 등은 이루어지지 않았습니다.

1894년에 일어난 이 개혁을 갑오개혁이라고 합니다. 갑오개혁은 비록 일본의 간섭을 받았지만 조정이 스스로 문제를 깨닫고 해결하기 위해 일으킨 개혁이라는 점에서 의미가 있습니다.

을미사변이 일어나다

한편 갑오개혁으로 정권을 잃은 명성 황후는 러시아를 이용해 일본 세력을 몰아 내고자 했습니다. 그래서 새로 부임한 일본 공사 미우라와 충돌하게 되었습니다. 이에 일본은 조선을 차지하는 데 방해가 되는 명성 황후를 없앨 계획을 세우게 되었습니다.

　고종 32년(1895) 8월 20일, 미우라의 계략으로 일본의 군대와 정치적인 불만 세력들이 힘을 합쳐 궁궐을 습격했습니다. 그들은 명성 황후를 찾아 죽인 후 시체를 홑이불에 싸서 불태웠습니다. 이 사건을 을미사변이라 합니다.

　명성 황후의 시해 사건과 같은 일본의 파렴치한 행동이 계속 되자 나라 안에서도 일본을 반대하는 움직임이 일어났습니다. 이러한 가운데 단발령(고종 23년에 상투를 틀던 풍습을 없애고, 머리를 짧게 깎도록 한 명령)이 내려졌습니다.

　"내 목을 자를지언정 내 머리카락은 자를 수 없다!"

　유생들은 매우 강하게 맞섰습니다. 그러다가 명성 황후의 시해로 울분에 싸여 있던 유생들과 농민들이 각지에서 의병을 일으켰습니다. 그리고 동학 농민 운동에 가담했던 사람들이 힘을 합쳐서 전국에서 의병 운동이 일어났습니다.

고종, 대한 제국을 선포하다

일본은 을미사변을 일으켜 명성 황후를 죽이고, 고종에게 압력을 가해 여러 가지 개혁을 요구했습니다. 그리하여 새로운 연호 사용, 단발령, 종두법(정기적으로 천연두 예방 접종을 하도록 정한 법), 우편 사무, 양력 등을 시행했습니다.

이러한 소용돌이 속에서 신변에 위협을 느낀 고종은 고종 33년(1896) 러시아 공사관으로 피신을 했습니다. 이 사건을 아관파천이라고 합니다. 아관파천에 의하여 김홍집의 개화당이 친러파에 의해 무너지면서 정국이 다시 바뀌었습니다.

고종 34년(1897) 고종은 세자와 함께 경운궁(덕수궁)으로 돌아와 연호를 광무라 하고, 나라 이름을 대한 제국으로 했습니다. 그리고 왕을 황제라 칭하며 완전한 독립을 선포했습니다.

그러나 광무 8년(1904) 러일 전쟁(조선과 만주의 이권을 놓고 러시아와 일본이 일으킨 전쟁)에서 승리한 일본이 강압적으로 제1차 한일 협약을 체결하고, 일본의 동의가 없이 제3국과 조약을 체결할 수 없다는 내용의 한일 의정서를 강요했습니다.

그리고 이듬해 제2차 한일 협약(을사조약)을 체결하여 외교권을 일본에 빼앗겼으며, 내정간섭을 받는 등 치욕을 겪게 되었습니다.

광무 11년(1907) 고종은 헤이그 만국 평화 회의에 이준 등의 밀사를 파견하여 일본의 침략과 을사조약의 부당성을 세계에 호소하려 했으나 일본의 방해로 실패했습니다.

결국 고종은 일본의 강요로 순종에게 왕의 자리를 물려주었습니다. 그러다가 융희 4년(1910) 한일 병합이 되자 고종은 이태왕으로 지위가 떨어져 덕수궁에서 여생을 보내다가, 1919년에 세상을 떠났습니다.

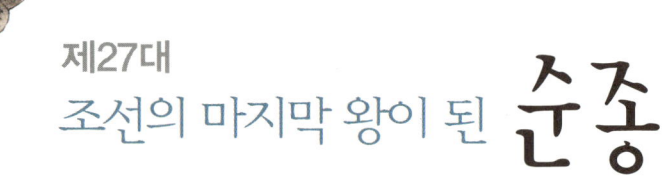

제27대
조선의 마지막 왕이 된 순종

일본에게 외교권을 빼앗긴 상태였고, 독립 국가의 실권을 갖지 못했기 때문에 순종은 왕위에 올랐어도 권력을 행사할 수 없었습니다. 순종은 조선의 마지막 왕이 되었습니다.
● 재위 기간(1907~1910)

조선 왕조의 마지막 왕이 되다

순종은 고종과 명성 황후의 아들입니다. 고종 12년(1875)에 세자로 책봉되었고, 광무 1년(1897)에 황태자가 되었습니다.

황위를 물려주게 된 고종의 양위식은 1907년 7월 20일 오전 8시 경운궁의 중화전에서 열렸습니다. 고종은 여기에 참석하지 않았습니다. 물론 순종도 마찬가지였습니다. 고종도 황태자도 모두 참석하지 않은 어이없는 양위식이었습니다.

이미 일본에게 외교권을 빼앗긴 상태였고, 독립 국가의 실권을 갖지 못한 상태였습니다. 일본은 순종이 왕의 자리에 오르자 연호를 융희로 고치게 하고, 고종의 아들인 영친왕 은을 황태자로 했습니다.

일본은 융희 1년(1907)에 한일 신협약을 체결했고, 통감부를 설치하여 조선의 내정을 간섭했습니다. 같은 해 8월 1일에는 조선군을 강제로 해산시켰으며, 12월에는 황태자를 유학이라는 명목으로 일본에 보내 인질로 삼았습니다.

융희 2년(1908)에는 일본의 강요로 동양 척식 주식회사가 설립되었습니다. 이듬해에는 사법권이 일본에게 넘어가고, 7월에는 군부, 8월에는 법부가 각각 폐지되어 거의 모든 실권이 일본에 넘어가게 되었습니다.

그러다가 일본은 하얼빈에서 안중근이 이토 히로부미를 저격한 것을 핑계삼아 무력으로 조선을 차지하려고 했습니다. 이 때 이완용, 송병준, 이용구 등이 매국단체인 일진회를 앞세워 한일 병합을 성립시켰습니다.

안타깝게도 순종은 1910년 8월 29일, 한일 병합 조약에 도

장을 찍음으로써 조선 왕조는 27대 518년의 역사를 끝내게 되었습니다. 그 후 순종은 일본에 의해 이왕으로 지위가 떨어져 창덕궁에서 지내다가 1926년 4월, 53세의 나이로 세상을 떠났습니다.

안중근, 나라를 위해 목숨을 바치다

 안중근은 고종 16년(1879) 황해도 해주에서 태어났습니다. 안중근이 세계 정세에 대해 본격적으로 눈을 뜬 것은 고종 32년(1895) 아버지와 함께 천주교를 믿게 되면서부터였습니다.

 안중근은 서양 학문을 공부하면서 선교사에게 프랑스 어를 배웠습니다. 프랑스 어를 통하여 새로운 학문을 배우면서 남다른 포부와 큰 이상을 갖게 되었습니다.

 광무 8년(1904), 일본과 러시아가 전쟁을 일으키자 안중근은 더 넓은 세계로 나갈 것을 결심하고 중국의 상해로 떠났습니다. 이 곳에서 조선의 운명을 걱정하던 안중근은 다음 해에 조선으로 돌아왔습니다.

 그러다가 1905년에 을사조약을 맺게 되자 안중근은 자신의 석탄 가게를 팔아 곳곳에 학교를 세우고 조선 사람들을 교육시키기 위해 노력했습니다. 그리고 의병을 일으켜 일본군과 싸우는 등 나라를 위해 있는 힘을 다했습니다. 나라가 점점 위태로워지자 안중근은 중국 연해주로 건너가 의병 운동을 펼쳤습니다.

1909년, 안중근과 동지들은 단지회라는 비밀 결사대를 조직하고 손가락을 끊으며 굳은 맹세를 했습니다. 그 맹세는 만일 3년 안에 조선 침략의 주동자이자 일본의 지도자인 이토 히로부미를 암살하지 못하면 죽음으로써 국민에게 속죄한다는 내용이었습니다. 그렇게 조국의 독립에 대한 그들의 의지는 비장했습니다.

이즈음, 이토 히로부미는 만주 하얼빈을 방문했습니다. 만주에 철도를 놓는 문제로 러시아와 회의를 하기 위해서였습니다. 안중근은 이 기회를 놓치지 않았습니다.

1909년 10월 26일, 하얼빈 역에서 세 발의 총성이 울렸습니다.

순간 이토 히로부미가 피를 흘리며 쓰러졌습니다. 안중근이 일본인으로 변장하고 있다가, 기차에서 내린 이토 히로부미를 명중시킨 것입니다.

안중근은 그 자리에서 러시아 경찰에게 체포되었습니다. 나중에 안중근은 일본으로 넘겨져 모진 고문을 받았습니다.

안중근은 법정에서 당당하게 말했습니다.

"이토 히로부미를 죽인 것은 나 혼자만을 위한 것이 아닙니다. 동양의 평화를 위한 것입니다. 이토 히로부미를 죽인 것도 개인의 자격이 아니라 대한 의병 중장 자격으로 총살한 것입니다. 나는 자객처럼 심문받을 이유가 없습니다."

안중근은 아무 거리낌이 없었습니다. 안중근은 이후에 열린 몇 번의 재판에서도 의연한 태도로 논리적으로 진술하여, 재판장에 있는 사람들이 모두 감탄했습니다.

안중근의 소식을 들은 조선에서는 안중근을 위한 모금 운동이 일어났습니다. 안중근을 변호하기 위해 몇몇 사람들이 일본으로 건너갔으나 재판장 안으로 들어가는 것마저도 금지되었습니다.

 1910년 2월, 안중근에게 사형 선고가 내려졌습니다.

 사형을 며칠 앞두고 안중근은 두 동생에게 비장한 얼굴로 이렇게 말했습니다.

 "내가 죽거든 우리 나라가 독립하기 전에는 내 시체를 고향으로 가져가지 마라. 대한 독립의 소리가 조국에서 들려오면 나는 지하에서나마 춤을 추며 만세를 부를 것이다."

두 동생은 슬픔으로 흐느꼈지만 안중근의 표정에는 굳은 결의가 엿보였습니다.

조선의 독립을 위해 이토 히로부미를 저격했던 안중근은 1910년 3월 26일, 차가운 여순 감옥에서 32세의 나이로 세상을 떠났습니다.

안중근 이후에도 빼앗긴 나라를 되찾고자 많은 사람들이 피를 흘렸습니다. 1919년 고종이 세상을 떠나자 3·1 운동이 일어났고, 1926년 순종의 국장을 치르는 6월 10일에는 6·10 만세 운동이 일어났습니다.

일본이 우리 나라를 점령한 36년 동안 독립 운동은 하루도 쉬지 않고 계속 되었습니다. 우리 나라 땅에서 그리고 일본의 탄압을 피해 다른 나라에 나가서도 많은 사람들이 나라의 독립을 위해 애쓰고 목숨을 바쳤습니다.

역사 옹달샘

《어린이 조선왕조실록》 5권을 잘 읽었나요?
'역사 옹달샘'에서는 '조선 시대의 과학과 문화·예술'과
관련된 여러 가지 이야기를 살펴보기로 해요.

- 조선 시대의 과학 기술
- 조선 시대의 인쇄 기술
- 조선 시대의 음악과 무용
- 조선 시대의 도자기 문화
- 조선 시대의 예술가

역사 옹달샘 ①

조선 시대의 과학 기술

조선 시대에는 세종 대왕의 노력으로 놀랄 만한 과학 기술이 발달했습니다. 날씨와 계절의 변화를 정확히 관측하고 기록하기 위하여 천문학이 발달하고, 왜구와 여진족 등 다른 민족의 침입이 잦아지자 국가를 방어하기 위해 무기 제조 기술도 발달했습니다.

뛰어난 과학 기술

조선 시대는 농업 사회였기 때문에 과학도 농업과 관련하여 발달했습니다. 우선 조선의 풍토에 맞는 품종과 농업 기술을 개발하는 농학을 중심으로 천문, 기상, 측량 등이 발달했습니다. 아울러 천체, 시각, 토지의 정확한 측정을 위한 각종 기구가 발명되었습니다. 한편으로는 천문 역법에 대한 관심과 토지 조사, 조세 수입의 계산 등의 필요에 따라 수학이 발달했습니다.

■ **앙부일구**
해의 움직임을 이용해 시간을 측정하는 시계이다. 대접 모양의 반구(앙부) 속에는 침이 꽂혀 있는데 침의 그림자로 시간을 측정했다.

■ **자격루**
자격루는 세종 16년(1434)에 장영실이 만들었다. 물의 높이를 측정하여 시간을 알려 주는 물시계로, 정해진 시간이 되면 자동으로 종과 북, 징을 쳐서 시간을 알려 주었다.

■ **측우기**
강우량을 측정하는 기구로 원통모양이다.
비가 오면 측우기를 밖에 세워 놓고 빗물을 받은 다음,
자로 물의 깊이를 재어 강우량을 측정했다.

■ **천상열차분야지도**
검은 대리석 위에 새겨 만든 천문도이다. 1395년에 실제로 별을 관측하여 1460여 개의 별을 새겨 기록한 세계에서 가장 오래된 천문 지도이다. 각 석판을 보면 별이 크고 작은 둥근 홈으로 새겨져 있으며 북극, 경선, 적도, 황도, 은하수 등이 그려져 있다.

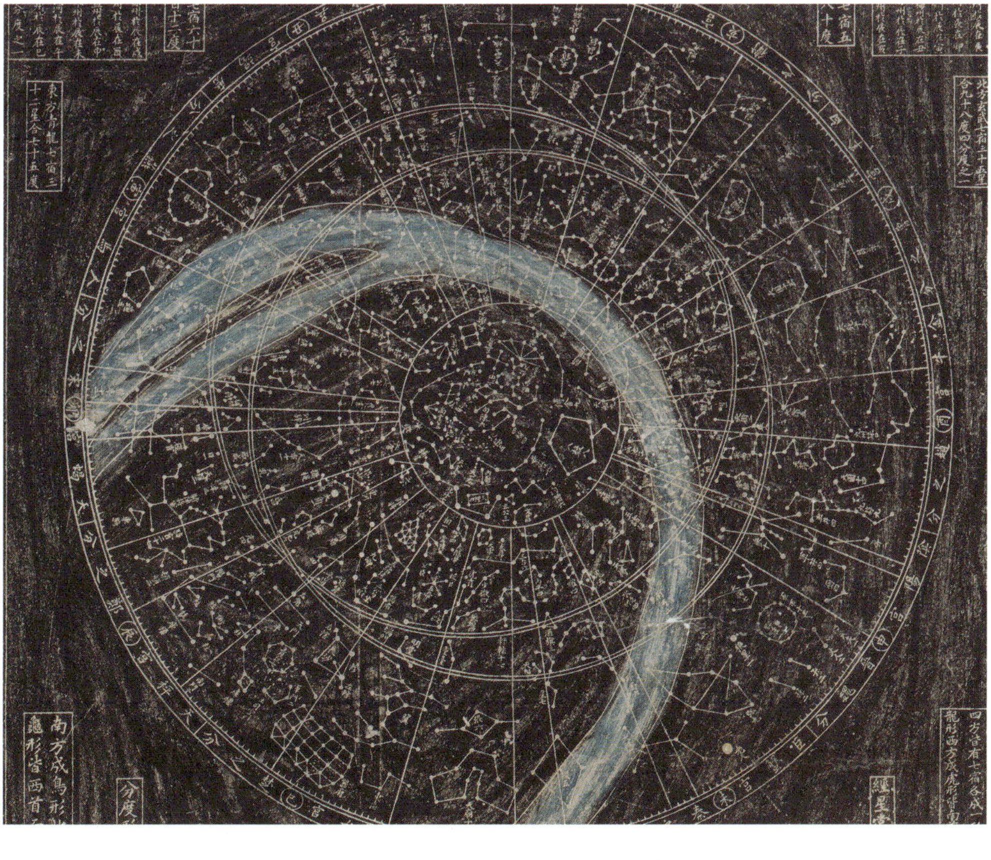

조선 시대의 전함, 거북선

　거북선이 세상에 나온 것은 1592년이지만, 거북선은 이미 1413년에도 있었습니다. 이순신은 뱃전에 창을 꽂아 적의 접근을 막았던 고려 시대의 검선과 화포 기술, 조선 시대에 개발된 전투선인 판옥선 등 여러 기술들을 종합하여, 배를 만드는 기술이 뛰어났던 나대용과 함께 거북선을 만들었습니다.

　거북선은 배의 모양이 거북과 같아서 붙여진 이름입니다. 배 앞에는 용머리가 달려 있고, 뒤에는 거북의 꼬리가 달려 있습니다. 배 위는 두꺼운 판자로 덮여 있고 지붕에는 적군이 기어오르지 못하도록 쇠못이 박혀 있습니다.

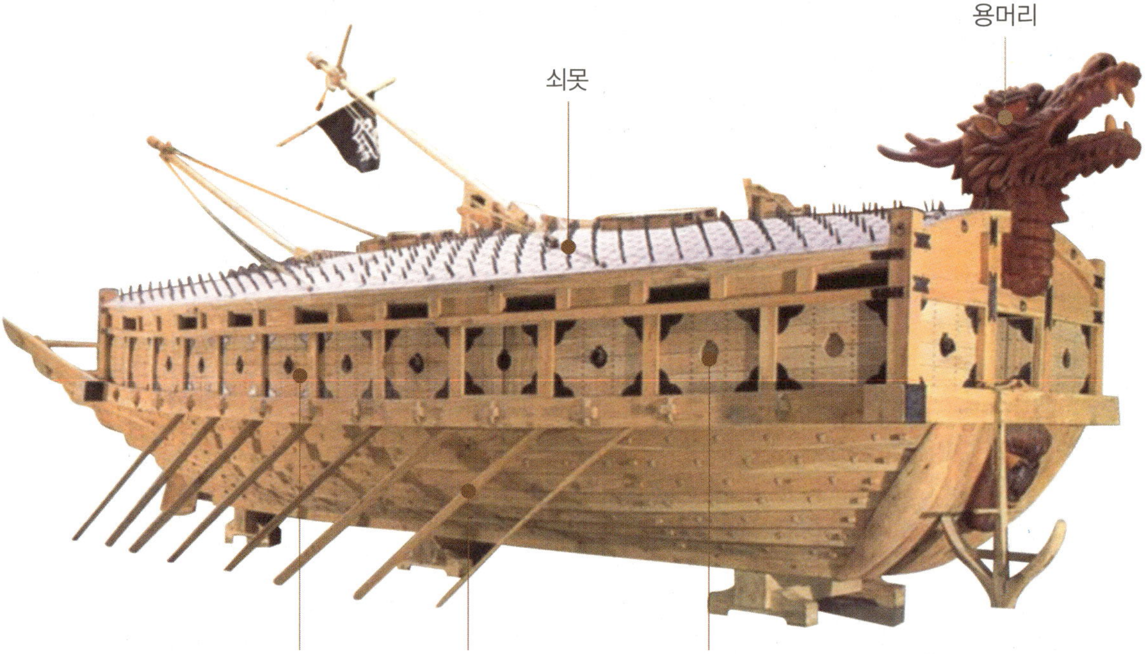

■ 거북선 모형

건축에 이용한 거중기

정약용은 수원 화성을 쌓을 때 《수원성제》라는 글과 서양의 기술 도서인 《기기도설》을 연구하여 무거운 물건을 들어올리는 데 사용하는 거중기를 발명했습니다. 위아래에 도르래를 연결하고 밑에 물건을 매단 다음에, 도르래 양쪽에 매단 끈을 물레에 감아 돌려서 물건이 위로 올려지도록 한 장치입니다.

이 거중기를 이용하여 1794년부터 쌓기 시작한 수원 화성은 1796년 8월에 완성했습니다. 거중기를 이용하여 작업한 결과, 다른 성을 쌓을 때보다 훨씬 기간이 짧게 걸렸습니다. 또한 비용이 많이 줄었고 백성들의 힘도 덜 들었습니다.

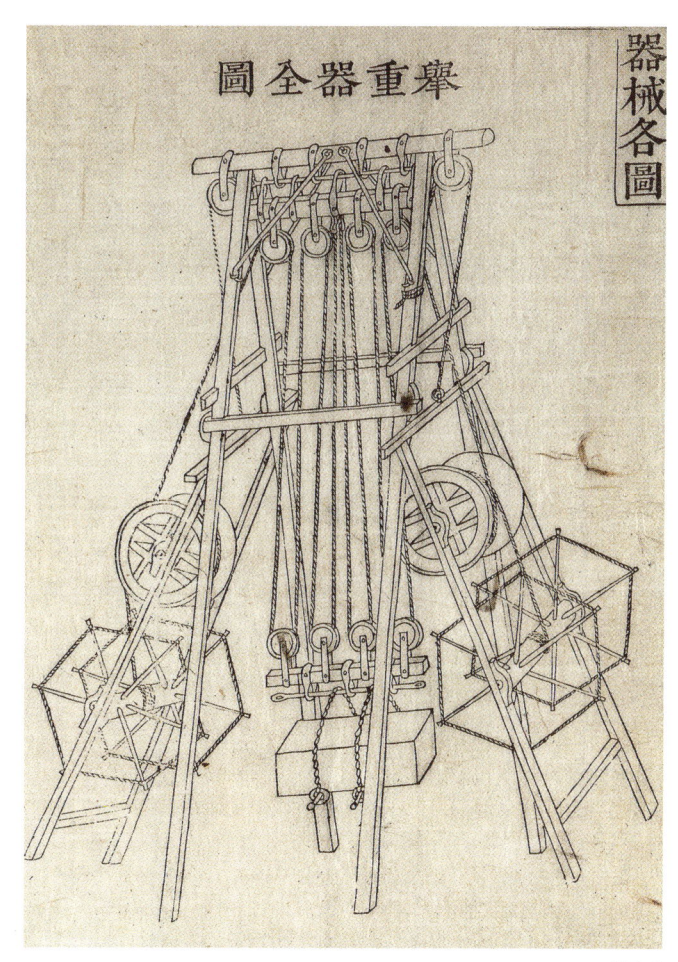

■ 거중기
여러 개의 고정 도르래와 움직이는 도르래를 사용하여 작은 힘으로 무거운 물체를 들어올리는 원리를 이용한 것이다.

역사 응답샘 ②

조선 시대의 인쇄 기술

세계 최초의 금속 활자를 발명한 고려 시대와 같이 조선 시대에도 인쇄 기술은 세계 최고였습니다. 조선 시대에는 정음청, 조지서, 주자소 같은 국가 기관이 제지, 인쇄, 출판 등을 담당했습니다.

정음청은 언문청으로도 불렸는데, 세종이 훈민정음의 창제와 연구를 위해 설치한 기관입니다.

조지서는 종이를 전문적으로 생산하는 관청으로 다양한 종이를 만들기도 하고, 글씨 쓴 종이를 물에 불려 먹물을 씻어 내어 종이를 재생하는 일도 했습니다.

주자소는 조선 시대에 활자를 만들던 곳으로 구리로 만든 활자인 아름다운 계미자를 처음으로 만들었습니다. 특히 주자소에서는 유능한 관리를 뽑아 배치할 만큼 업무의 전문성을 중요하게 생각했습니다.

■ 주자소
활자를 만들어서 책을 찍어 내는 곳을 주자소라고 한다. 조선 시대에는 금속 활자 기술이 더욱 발달하여 경자자, 갑인자, 병진자 등을 만들어 책을 인쇄했다.

■ 계미자
태종 3년(1403) 계미년에 만든 조선 시대 최초의 구리 활자이다.

조선 시대의 음악과 무용

조선 시대는 유교가 생활의 근본이어서 음악도 유교 사상을 중심으로 발전했습니다.
그리고 왕조의 권위를 높이고, 유교 사상을 표현하는 수단으로 궁중 무용이 매우 발달했습니다.
이 밖에 일반 서민들이 즐겼던 민속 무용, 종묘나 문묘, 불교 의식 때 행해지던 의식 무용 등이 있었습니다.

궁중 음악과 민속 음악

조선 세종 때에는 악기와 음악이 재정비되었고, 동양 최초의 유량 악보인 정간보가 만들어졌습니다. 그리고 성종 때에는 우리 나라 음악사의 귀중한 자료로 쓰이는 《악학궤범》이라는 책이 나왔습니다.

이렇게 조선 시대 전기의 음악은 궁중 음악을 중심으로 발달했는데, 특히 문묘제례악은 동양에서 가장 오래된 음악으로 그 가치를 인정받고 있습니다. 조선 후기에는 궁중 음악보다는 선비들의 풍류 음악과 서민들이 즐기는 민속 음악이 발달했습니다. 예를 들어 판소리, 잡가, 민요, 산조, 시나위, 풍물 등이 있습니다.

■ 편종
16개의 종을 각퇴라는 망치로 쳐서 소리를 냈다. 종의 크기는 모두 같지만 서로 다른 소리를 낸다.

■ 편경
ㄱ자 모양의 돌을 각퇴로 쳐서 소리를 냈다. 날씨에 상관 없이 음정과 음색이 일정해 다른 악기의 음을 맞추는 데도 이용되었다.

궁중 무용

궁중 무용은 우아하고 장중한 멋을 지니고 있습니다. 예를 들어 〈태평무〉는 궁중의 의복을 입고 태평성대를 표현하는 우아하고 화려한 춤이고, 〈정재〉는 궁중의 연회 때 나라를 사랑하는 마음과 예절을 표현한 춤입니다. 궁중 무용은 시작할 때와 끝날 때 춤에 대한 설명을 하고, 춤을 위한 반주는 장엄하게 했습니다.

궁중 무용은 50여 종류가 있는데, 가장 대표적인 것이 〈춘앵무〉와 〈처용무〉입니다. 〈춘앵무〉는 순조 때 효명 세자가 만들었다고 하는데, 꾀꼬리가 노는 모습을 상징한 춤으로 혼자서 춥니다. 〈처용무〉는 신라 시대부터 시작되었다고 하는데, 현재 전하는 궁중 무용 중 가장 역사가 오래되었습니다.

■ **선묘조제재경수연도**
선조 38년(1605)에 70세 이상의 어머니를 모신 재신들이 어머니를 위해 베푼 잔치의 모습을 그린 것이다.

조선 시대의 도자기 문화

조선 시대에는 그릇 하나에도 생활과 마음을 담았는데, 그렇게 해서 만들어진 것이 분청사기와 백자입니다. 검소함과 실용성을 중시했던 조선 사람들을 닮아 조선 시대의 도자기들은 소박하고 담백한 멋을 풍겼습니다.

분청사기

조선 전기에는 새 왕조의 시작과 함께 도자기에도 새로운 형태가 나타났습니다. 분청사기는 고려 청자의 아름다움을 이으면서도 실용적인 도자기로 이 때 만들어진 것입니다.

분청사기는 청자에 하얀 흙을 덧입힌 후 장식한 그릇이라는 뜻입니다.

■ 분청사기인화문병

분청사기에는 상감분청사기와 인화분청사기가 있었습니다. 상감분청사기는 도자기의 겉에 그림을 그린 후, 그림대로 파내고 그곳에 흙을 채워 무늬를 만들었습니다. 그런데 이렇게 일일이 그려 파내는 것이 번거롭고 복잡해 인화분청사기를 만들게 되었습니다. 인화분청사기는 무늬를 도장에 새겨 도자기에 찍은 후 거기에 하얀 흙을 채워 넣는 방법을 사용했습니다.

분청사기는 15세기에 가장 활발하게 만들어지다가 후에 백자가 많이 만들어지면서 점차 줄었습니다.

■ 분청사기상감연어문편병

백자

백자는 조선 사람들의 미의식이 가장 잘 반영된 도자기입니다. 유교를 중요시했던 조선 시대의 사람들은 검소함과 깨끗함을 좋아했습니다.

특히 조선 사대부들이 백자의 정갈함과 깨끗함을 좋아하여 백자는 조선 시대 전반에 걸쳐 만들어졌습니다. 그 중에서도 아무 장식도 없는 흰빛의 순백자를 주로 사용했습니다.

그런데 같은 흰빛이지만 백자에는 회백색의 백자와 설백색의 백자가 있었습니다. 회백색의 백자는 17세기 이전에, 눈처럼 흰 설백색의 백자는 17세기 이후에 주로 만들었습니다.

■ 청화백자파초죽문호

청화백자

조선 후기에 이르러 상공업과 도시가 발달하면서 사람들은 풍류와 사치를 즐기기 시작했습니다. 청화백자는 이런 사회 분위기 속에서 순백자의 깨끗함에 화려함을 더해 만들어진 도자기입니다. 청색 안료를 이용해 백자에 푸른 그림을 넣었습니다. 청화백자에는 주로 사군자, 산수, 용 등의 복잡하고 화려한 무늬를 그려 넣었습니다.

■ 청화백자십장생문병

조선 시대의 예술가

풍속화를 잘 그린 김홍도

 훈장님께 야단맞고 있는 아이를 그린 〈서당〉, 흥미진진한 씨름판을 그린 〈씨름〉 등 김홍도의 그림에는 서민들의 일상 생활과 정서가 익살스럽게 그려져 있습니다. 게다가 김홍도는 풍속화뿐 아니라 산수화에도 아주 뛰어났습니다. 우리 산천의 아름다움과 정서를 운치 있고 밀도 있게 그려 내어 높은 평가를 받았습니다.

■ **씨름**
씨름판이 벌어졌다. 가운데 씨름하는 선수들 주위에 사람들이 모여 구경하고 있다. 엿을 파는 아이도 보이고, 갓을 벗어 놓고 흥미롭게 응원하는 양반의 모습도 보인다.

대동여지도를 만든 김정호

 대동여지도는 김정호가 철종 12년(1861)에 만든 것으로 일반 백성이 편리하게 지도를 사용하도록 한 것입니다. 김정호가 27년 동안 전국의 방방곡곡을 걸어다니면서 실제로 측량한 것을 토대로 지도를 만들었기 때문에 지금의 지도와도 큰 차이가 없을 정도로 정교합니다.

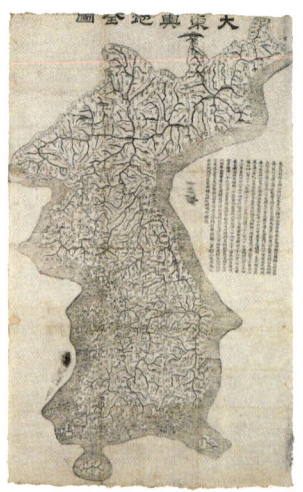

■ **대동여지도**

문인이자 화가였던 신사임당

예술가인 동시에 높은 덕과 인격을 쌓은 어진 부인으로 알려진 신사임당은 한국을 대표하는 여성 예술가입니다. 바느질이나 수예는 물론 시와 그림, 글씨에도 뛰어난 재능을 보였습니다. 7세 때 화가 안견의 그림을 본떠 그릴 정도였습니다.

유교의 경전과 좋은 책들을 많이 읽어서 학문을 닦기도 했습니다. 작품으로는 시 〈유대관령망친정〉, 〈사친〉 등이 있고, 그림 〈자리도〉, 〈산수도〉, 〈초충도〉, 〈노안도〉, 〈연로도〉 등이 있습니다.

■ **신사임당의 초충도**
(수박과 들쥐)

뛰어난 여류 시인, 허난설헌

허난설헌은 《홍길동전》을 지은 허균의 누나입니다. 허난설헌은 어릴 적부터 신동이라고 불릴 만큼 시에 뛰어난 재능을 보였습니다. 여인들의 감성이 섬세하게 표현되어 있는 허난설헌의 작품은 중국에까지 전해져 큰 인기를 얻기도 했습니다. 동생 허균이 작품의 일부를 명나라 시인인 주지번에게 주었는데, 이것을 《난설헌집》이란 책으로 만든 것입니다. 허난설헌의 작품으로는 시에 〈유선시〉, 〈빈녀음〉, 〈곡자〉, 〈앙간비금도〉 등 총 124수가 있고, 가사에 〈원부사〉, 〈봉선화가〉 등이 있습니다.

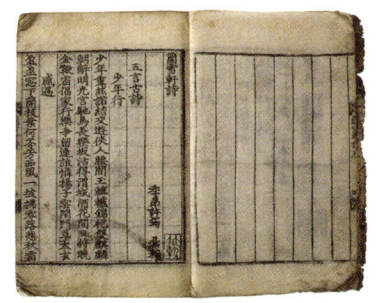
■ **허난설헌집**

어린이 조선왕조실록 5

1판 1쇄 인쇄 | 2006. 12. 26
1판 17쇄 발행 | 2023. 1. 1

어린이 조선왕조실록 편찬위원회 글 | 전병준 그림 | 한국역사연구회 추천 및 감수

발행처 김영사 | 발행인 고세규
사진제공 독립기념관 고려대학교박물관 국립중앙박물관 강릉시립박물관
등록번호 제 406-2003-036호 | 등록일자 1979. 5. 17.
주소 경기도 파주시 문발로 197(우-10881)
전화 마케팅부 031-955-3100 | 편집부 031-955-3113~20 | 팩스 031-955-3111

ⓒ 2006 김영사
이 책의 저작권은 김영사에게 있습니다.
서면에 의한 김영사의 허락 없이 내용의 일부를 인용하거나 발췌하는 것을 금합니다.

값은 표지에 있습니다.
ISBN 978-89-349-2286-5 74900

좋은 독자가 좋은 책을 만듭니다. 김영사는 독자 여러분의 의견에 항상 귀 기울이고 있습니다.
전자우편 book@gimmyoung.com | 홈페이지 www.gimmyoungjr.com

어린이제품 안전특별법에 의한 표시사항

제품명 도서 제조년월일 2023년 1월 1일 제조사명 김영사 주소 10881 경기도 파주시 문발로 197
전화번호 031-955-3100 제조국명 대한민국 ⚠주의 책 모서리에 찍히거나 책장에 베이지 않게 조심하세요.